lonely planet

东京

必游景点 · 本地体验 · 轻松出发

Pocket

本书作者
丽贝卡·米尔纳（Rebecca Milner）
西蒙·里奇蒙德（Simon Richmond）

中国地图出版社

本书特色

轻松计划行程

全方位了解目的地，
助你规划精彩行程

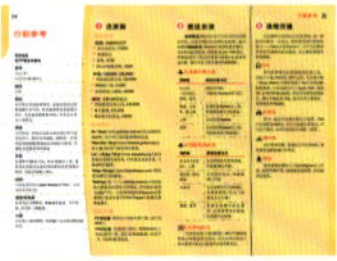

行前参考
贴心提示让旅途
更轻松

东京最佳
多彩榜单助你
快速了解目的地亮点

探索东京

分区域介绍
最佳看点和活动

顶级景点
不可错过的精彩

当地生活
体验原汁原味的
目的地

生存指南

实用建议
令你上路无忧

当地交通
像本地人一样四通八达

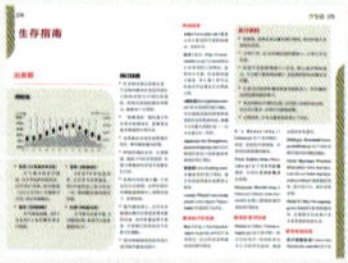

实用信息
包括住宿推荐在内的
详尽贴士

特别呈现

作者的优选内容
让旅行体验更深入

最佳步行游览
双脚丈量东京的
经典线路

了解灰页
丰富生动的
文化背景知识

通过下列符号找到该区域的最佳选择：

景点和活动

就餐

饮品

娱乐

购物

下列符号所代表的都是重要信息：

电话号码	适合家庭
营业时间	允许携带宠物
停车场	巴士
禁止吸烟	轮渡
上网	地铁
无线网络	地铁
素食菜品	有轨电车
英语菜单	火车

地图标识助你快速找到需要的信息：

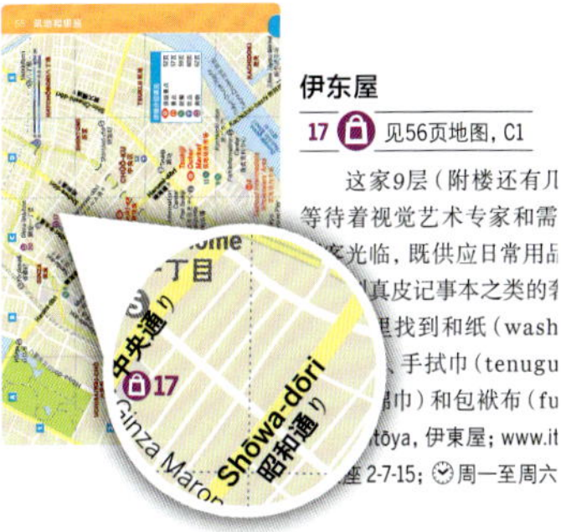

Lonely Planet 《东京》

Lonely Planet口袋指南专为希望轻松深入目的地的你而精心打造。

在书中，你会找到东京所有的必游景点，独家的建议也会让你的旅程更加难忘。我们将东京划分成几个合理的区域，并通过清晰的地图让你便捷、迅速地找到所有地点。我们的资深作者通过实地调研，为你呈现出本地精华所在，例如徒步、美食、夜生活和购物。若你还想探索更多，我们的“当地生活”章节将为你推荐不为人知的精彩路线，带你深入体验原汁原味的东京。

另外，书中的各类实用信息也能令你的旅程更加轻松顺利。短途的游览路线、当地交通，甚至在漫长而疲惫的一日游览过后，你需要给你的服务生多少小费，在这本书中均有提及。

Lonely Planet《东京》将是你在旅途中获得美妙体验的保证。

我们的承诺

我们的工作就是让你拥有高品质的旅程。在写作每一版指南之前，孤独星球的作者都会实地考察、亲身体验。请放心，我们一贯实事求是，从不接受他人馈赠而为之宣传。

生存指南 173

特别呈现

值得一游

最佳步行游览

了解东京

歌舞伎町一番街
劇場通り
Like!
SHINJUKU
バンタイ
タイ国料理専門店
BAN-THAI
RESTAURANT
3F
焼肉
四名様専門店
B1
まんが喫茶
無料案内所
ラッキー
DINING BAR
ようこそ

轻松计划行程

欢迎来东京

东京是一座永远面向未来的城市，闪耀的霓虹灯和直插云霄的高楼组成了这里科幻小说般的街景。同时，它也是一座拥有深厚历史底蕴的城市，你可以在歌舞伎的舞台上，或是樱花树下找到幕府将军的都城所留下的历史印记。光怪陆离的东京将带给你与众不同的感官享受。

歌舞伎町（见117页）

SEAN PAVONE / SHUTTERSTOCK ©

东京 顶级景点

筑地场外市场（见52页）

早起逛逛摊贩鳞次栉比的场外市场是经典的东京体验。

明治神宫（见102页）

东京最有名的神道教神社，徜徉此处令人内心平和，恍如身处世外仙境。

两国国技馆的相扑（见64页）

在两国国技馆观看比赛或晨间训练，感受日本这一古老传统运动的魅力。

浅草寺（见152页）

寺内气氛迷人，令人想起从前的江户（幕府治下东京的旧称）时代。

B. TANAKA / GETTY IMAGES ©

GREG ELMS / GETTY IMAGES ©

东京国立博物馆（见140页）

全球最丰富的日本艺术品与文物收藏。

吉卜力美术馆（见126页）

动画大师宫崎骏的魔幻世界。

AEYPIX / SHUTTERSTOCK ©

富士山（见164页）

日本的象征，山体完美对称，山顶白雪皑皑。

皇居（见42页）

沿古老的护城河漫步，登临庭园环绕的古城角楼。

六本木新城（见68页）

一座容纳世界级艺术博物馆的梦幻迷你城市，远非普通商场可比。

歌舞伎座（见54页）

观看传统歌舞伎表演，欣赏引人注目的妆容与设计华丽的服装。

大江户温泉物语（见162页）

公共浴室与主题公园的结合体，淋漓尽致地体现着日式风情。

东京最佳 餐饮

来东京的旅行者很快就会发现，当地人对于美食极为痴迷。东京的餐饮界欣欣向荣，包罗万象，外出就餐的传统根深蒂固——高人气的餐馆往往每天的晚餐时段都是客满为患。最重要的是，无论花费多寡，你都能寻觅到一流的美食。

东京的餐饮界

东京的美食爱好者以本土的"精品"料理为荣。许多一流的餐厅并非供应种类繁多的精致菜肴，而是专注于不多的几样甚至一样美味。寿司店只做寿司，天妇罗餐馆只供应天妇罗。花样太多的餐馆反而会变得很可疑：它怎么比得过三代人一直在制作同样佳肴的特色餐馆呢？从早期的江户城时期至今，东京已经培养出了根深蒂固的工匠精神，与之伴随而来的，自然是专心在一道菜肴上精益求精的小餐馆的盛行，不管它供应的是炸猪排还是汉堡。

居酒屋

居酒屋（izakaya）就是日式小酒馆，在这里可以一次点上几道菜——生鲜、烧烤、蒸煮、油炸一应俱全，然后就着大量啤酒、清酒或烧酒（shōchū，烧酎；通常是红薯酿制的蒸馏烈酒）享用。可以点软饮料，但什么饮品都不点的话就会很奇怪。有些居酒屋只供应传统菜肴，有些也供应西餐（如薯条等）或创意菜。居酒屋的气氛适合社交，不过独自坐在柜台旁自斟自饮也没问题。

PAMELA LAO / GETTY IMAGES ©

☑ 独家贴士

- 给小费并非惯例，但多数高端餐厅会加收餐费的10%作为服务费。
- 高档场所或5人以上就餐建议预订；人气餐馆很快就会客满为患。
- 传统或小型餐馆可能不接受信用卡。

最佳日本料理

韵松亭 上野公园内的漂亮餐馆，供应怀石料理式美食。（见147页）

Kado 经典家常菜，位于一栋老建筑内。（见133页）

思出横丁的串烧摊

菊乃井 在经典的京都式就餐环境中享用绝佳的怀石料理。(见74页)

梢 精致的日本料理,令人赞叹的新宿夜景。(见121页)

最佳寿司

银座久兵卫 位于银座,供应顶级的寿司。(见59页)

沼津港 东京最好的回转寿司餐厅。(见121页)

最佳甜点

樱花 只有在日本才能品尝到的独特口味冰激凌。(见84页)

Higashiya man 新鲜出笼的豆沙包。(见110页)

最佳拉面

篝 将拉面引入新的境界,目前是东京当地人的最爱。(见59页)

五行 在营业至深夜的高人气拉面馆品尝焦味拉面。(见75页)

Nagi 黄金街的深夜拉面店。(见117页)

最佳居酒屋

Shinsuke 深受清酒爱好者喜爱的百年居酒屋。(见147页)

吞者家 供你领略昭和时代(1926~1989年)风情的经典居酒屋。(见120页)

Shirube 喧闹、活泼、时尚,供应的菜肴创意十足。(见99页)

最佳旧时东京风味

Hantei 在拥有百年历史的传统建筑里品尝炸串。(见147页)

大多福 极具魅力的百年关东煮老店。(见156页)

Tonki 将炸猪排上升到艺术的高度。(见84页)

最佳地道小馆

思出横丁 位于从前黑市的串烧摊,气氛美妙。(见116页)

万福食堂 有乐町高架铁道桥下的居酒屋。(见47页)

惠比寿横丁 时尚又复古的美食街。(见85页)

东京最佳
博物馆和画廊

东京有许多出色的博物馆，其中既有收藏了大量艺术品和文物的宝库，也有专注于特定主题的小型展示中心。东京是日本当代艺术的中心，尽管它还没有一个集中的艺术街区，但银座和六本木艺术金三角（包括森美术馆、东京国立新美术馆、三得利美术馆）汇聚了许多画廊。

参观计划

许多博物馆都在周一闭馆（如果周一是法定假日的话，就顺延到周二）。东京的博物馆每天17:00或18:00前后就会闭馆，闭馆前30分钟不得入内。可以利用免费的储物箱（需¥100押金）寄存外套和包。观看各国立博物馆的永久展览最为划算，临时展览或私人博物馆的门票要贵一些。学生和老人常可享受折扣，记得带上身份证件。商业画廊通常可免费参观。

GREG ELMS / GETTY IMAGES ©

☑ 独家贴士

- 折扣卡信息见180页。
- Tokyo Art Beat（www.tokyo-art beat.com）提供展览信息和英语评论。

最佳博物馆

Intermediatheque博物馆 展示东京大学藏品的实验性博物馆。（见45页）

东京都摄影美术馆 东京一流的摄影博物馆。（见83页）

东京国立近代美术馆 一部19世纪和20世纪的日本艺术史。（见45页）

东京国立博物馆 日本艺术收藏品的大本营。（见140页）

森美术馆 位于大厦高层，举办日本和国际顶级艺术家的临时展览。（见69页）

根津美术馆 在引人注目的当代建筑中展示亚洲古董。（见106页）

最佳画廊

Complex 665 包括三个重要画廊的新美术馆。（见72页）

SCAI澡堂美术馆 在修复后的澡堂里展示前卫的当代艺术。（见143页）

东京最佳
寺庙和神社

东京有许多寺庙和神社，分别属于日本两个相互交织的宗教：佛教和神道教。只要门开着，寺庙和神社的院落都可以免费进入，而且对所有人开放。神社和寺庙（都是东京难得一见的传统建筑典范）外观通常很相似，但神社的入口处都有鸟居，由两根立柱加上顶端两道横梁构成。

参拜礼仪

参观神社和寺庙并没有严格的规则（例如没有着装的要求），但却有着约定俗成的规矩。鸟居代表神域的入口，你常常可以看到日本游客在走过鸟居时鞠躬行礼。由于神道教重视纯净，神社也设有手水舍以便游客可以在接近本殿前洗手。

寺庙的入口往往都会有一道门槛，你应该跨过去，不要踩在门槛上。院落内可以拍照，但许多寺庙都不会让你在殿内拍照，尤其是在开着闪光灯的情况下。说话时，你还应该压低声音以示恭敬。

最佳寺庙

浅草寺 东京最古老、最著名的佛寺，也是过去浅草的肇源地。（见152页）

清水观音堂 依照京都著名的清水寺仿建的寺庙。（见146页）

最佳神社

明治神宫 东京最宏伟的神道教神社，坐落在林地之中。（见102页）

根津神社 造型雅致的18世纪早期神社，周围区域能够烘托这里的气氛。（见145页）

上野东照宫 为纪念幕府将军德川家康而建的镀金神社，最近刚经过修缮。（见145页）

赤城神社 已有数百年历史的神社，改建后具有当代设计风格。（见132页）

MANUEL ASCANIO / SHUTTERSTOCK ©

☑ 独家贴士

- ▶寺庙和神社全年都有节日庆祝活动。登录Go Tokyo（www.gotokyo.org）可查看活动列表。
- ▶依据惯例，前往寺庙和神社都要敬献些香油钱。对于精打细算的旅行者来说幸运的是，5日元的硬币被认为是最吉利的（10日元的硬币则不吉利）。

东京最佳 建筑和设计

日本传统设计的审美崇尚流畅线条、自然材料、高度的空间认知和精致的细节，这些元素一直都是世界各地创作者的灵感来源，在如今的东京也依然看得到。同时，日本当代建筑师中享誉国际者也大有人在。

现代地标

20世纪60年代，真正意义上的日本现代建筑开始出现。丹下健三（Tange Kenzō；1913~2005年）是当时最具影响力的建筑师，他的设计既体现着日本传统建筑形式的元素，也受到法国建筑师勒·柯布西耶大胆的雕塑作品的影响。丹下设计的地标式建筑包括代代木公园的国立代代木竞技场（1964年）和东京都厅舍（1991年）。同时期的知名建筑师还有新陈代谢派建筑师黑川纪章（Kurokawa Kishō）和槙文彦（Maki Fumihiko），他们的设计理念倡导空间的弹性而非样式的固定。

当代建筑师

当代建筑师们在继续探索现代和后现代道路的同时，也重新打量起日本丰富的建筑文化遗产。这其中不乏许多普利兹克奖得主，如创造了许多经典混凝土建筑的安藤忠雄（Andō Tadao）、以建筑形式服从功能著称的SANAA建筑事务所[由妹岛和世（Sejima Kazuyo）与西泽立卫（Ryūe Nishizawa）创立]、设计主打自然光和概念化的伊东丰雄（Ito Toyo），以及巧妙运用低成本回收材料的坂茂（Ban Shigeru）等。此外，隈研吾（Kuma Kengo）还被选为2020年东京奥运会主体育馆的设计师。

☑ 独家贴士

▶表参道是东京最适宜观赏当代建筑的场所，你会在这里发现许多崭露头角的建筑师的作品，而且这些建筑都集中在一条街上，你可以轻易地比对出其中的差异。这一街区的步行游览信息见166页。

最佳当代建筑

东京都厅舍 丹下健三设计的摩天大厦，令人印象深刻的地标建筑。（见119页）

中银胶囊大楼 黑川纪章复古视角中的未来派建筑。（见58页）

法隆寺宝物馆

法隆寺宝物馆 古老佛像的现代派展馆，出自谷口吉生（Taniguchi Yoshio）的设计。（见141页）

东京国际会议中心 位于商业区中心地带的高耸玻璃大厦。（见46页）

Super Dry Hall 菲利普·斯塔克（Philippe Starck）设计的奇妙金色液滴造型。（见155页）

六本木新城 彰显商业综合体设计大师乔恩·捷得（Jon Jerde）野心的梦幻微型城市。（见68页）

东京晴空塔 运用古代佛塔建筑智慧的未来派塔楼。（见155页）

东京国立新美术馆 黑川纪章用弧面玻璃打造的雕塑式建筑。（见72页）

最佳设计

21_21 Design Sight 博物馆专注于当代设计，建筑本身是安藤忠雄打造的“混凝土蚌壳”。（见72页）

d47博物馆 展示日本最优秀的产品设计。（见92页）

松屋 位于7楼的设计展厅值得一看。（见63页）

最佳建筑内部

东京都庭园美术馆 曾是皇族宫邸，装饰艺术风格。（见84页）

高岛屋 建于20世纪30年代的百货商店，装饰华丽，体现着日式审美。（见49页）

值得一游

建筑仓库

[Archi-Depot, 建築倉庫; Kenchiku Sōko; ☎03-5769-2133; https://archi-depot.com; 品川区東品川(Higashi-Shinagawa) 2-6-10 Warehouse Terrada; 成人/儿童 ¥1000/500; ⏰周一至周日 11:00~21:00; 🚇临海线至天王洲岛，B出口]是由仓库改建而成的展馆，展示建筑师们用以构思建筑的微缩模型。许多日本知名建筑师的建筑模型也在这里展出。

东京最佳
公园和庭园

东京拥有多座空间开阔的城市公园，而且都可以免费进入。精致的庭园魅力无穷，多数曾是皇族或大名的产业，只需几百日元就可入内参观。

樱花烂漫

每逢3月下旬或4月上旬的赏樱（hanami，花見）季，当地人就会呼朋引伴，聚集在樱花树下一边享用野餐、畅饮清酒，一边欣赏樱花。花期只有一到两周的樱花代表着短暂却灿烂的生命，沿袭数百年的赏樱传统体现着日本人对于这种稍纵即逝之美的赞扬。上野公园是传统的赏樱场所，代代木公园常有携带烤肉工具和转盘餐桌的派对人群，而绿草如茵的新宿御苑则适宜家庭休闲放松。

秋叶绚丽

东京的红叶季（kōyō）通常在11月下旬和12月上旬，此时的树叶会呈现出绚丽的色彩。小石川后乐园和滨离宫恩赐庭园都是著名的赏红叶场所。

最佳庭园

小石川后乐园 由德川家建造，传统日式庭园设计的典范。（见131页）

滨离宫恩赐庭园 原是幕府将军的狩猎场，如今是一片有传统茶室的开阔绿地。（见57页）

东御苑 位于皇居内，有残存的石制天守台。（见43页）

加拿大驻日大使馆石头花园 一位禅僧设计的石头花园。（见72页）

LOTTIE DAVIES / LONELY PLANET ©

☑ 独家贴士

▶可以从百货商店地下层（depachika）或便利店买个便当作为午餐。

最佳公园

代代木公园 草地开阔，周末是高人气的休闲场所。（见106页）

上野公园 东京历史最悠久的公园，有许多博物馆、寺庙、林荫小道和睡莲。（见145页）

新宿御苑 有1500棵樱花树、宽广草地，还有一处热带温室。（见119页）

井之头公园 小道旁绿树成荫，表演艺术家在此出没，可以划船。（见127页）

TAKAMEX / SHUTTERSTOCK ©

东京最佳
流行文化

从巨大的机器人到眼睛又大又圆的女学生，再到无处不在的萌猫Hello Kitty，日本流行文化已经风靡全球，成为备受关注的文化现象。日本动漫的圣地在秋叶原；如果想要欣赏令人大开眼界的街头时装，可以直奔涩谷和原宿。

东京的流行文化街区

在东京，无论想要体验何种流行文化，都应该把秋叶原当作第一站。当地人口中的Akiba（即秋叶原）是极客们的圣地，这里出售动漫相关商品的店铺不计其数，女仆咖啡馆和各种你能想象到的数码产品更是不在话下。周日在中央通还可以看到扮演动漫角色（cosplay）的孩子们。

竹下通、Cat St和表参道等原宿的街道仍是领略东京潮流打扮的最佳场所，从近十年兴起的哥特萝莉风到更加新潮的dolly-kei风（融入了对于魔法、童话、宫廷和女巫等异世界的幻想），各种风格应有尽有。

涩谷则是东京青少年文化的核心区域。最新的时尚趋势直接被穿在了身上，巨大的电视屏幕上播放着流行明星的表演，夜店和卡拉OK厅整晚都热闹非凡。

最佳流行文化体验

吉卜力美术馆 走进动画大师宫崎骏打造的魔幻世界。（见126页）

@Home Cafe 参观秋叶原最著名的女仆咖啡馆。（见137页）

机器人餐厅 在新宿欣赏由巨型机器人表演的热舞。（见117页）

可爱怪兽咖啡馆 东京最新的流行文化景点，如同一个超现实装置。（见108页）

涩谷十字路口 在著名的涩谷路口感受人潮涌动。（见92页）

超级土豆复古电玩店 在秋叶原的游戏厅玩玩复古电子游戏。（见137页）

大头贴圣地 精心打扮一下，去照个大头贴，这可是最有意思的纪念品。（见95页）

竹下通 沿着原宿著名的青少年亚文化聚集地漫步。（见106页）

Mandarake Complex 前往动漫商店中的巨无霸见识一番。（见137页）

Kiddy Land 挑选你最喜爱的卡通商品。（见113页）

东京最佳 饮品和夜生活

夜生活是东京的亮点之一。周五和周六的晚上都很热闹，夜店里更是如此，但东京也是个尽情玩乐的城市，所以在任意一天的夜晚，你都会看到酒吧里人头攒动。六本木、涩谷、新宿都是夜生活场所集中的区域。

流行热点

精酿啤酒和精品咖啡在东京正流行。这座城市一直以经典的鸡尾酒闻名，但更具创意的酒吧也开始涌现。在精酿啤酒方面，你可能会遇到一些听起来很熟悉但加入了当地特色（如抹茶和柚子等）的品牌。网络杂志 *Beer in Japan*（http://beerinjapan.com/bij/1715/bars-in-tokyo）提供关于精酿啤酒的更多信息。

饮品种类

稻米酿造的清酒（nihonshū，日本酒）是日本的国酒。根据个人喜好可以加热，但顶级的清酒一般都会放在小壶（tokkuri）里冰着，再倒在被称作“o-choko”或“sakazuki”的小酒盅里。

烧酒（shōchū，焼酎）的酿制材料五花八门，甚至还有甘薯和大麦。因为度数较高（酒精浓度约30%），烧酒往往要兑热水或者加软饮料、茶等勾兑成chūhai（酎ハイ）鸡尾酒。

居酒屋普遍供应清酒和烧酒，当然，肯定少不了生啤（nama）。

BENJAMIN TORODE / GETTY IMAGES ©

☑ 独家贴士

- 敬酒的时候别忘了说“干杯”（kampai；喝一口就行），有时甚至得靠吼。
- 去酒吧不需要出示身份证件，但夜店需要。20岁以上人士才能进入夜店，必须有带照片的身份证件——即便你看上去早过了那个年纪。
- 可在多数夜店的网站下载折扣券。

最佳酒吧

Two Rooms 壮观的景色，有趣的顾客群体，还有露台。（见111页）

随时供应的精酿啤酒

Buri 站立式酒吧，供应冰沙一般的清酒。（见86页）

Zoetrope 在新宿的小酒吧啜饮顶级威士忌。（见122页）

Ben Fiddich 使用碾碎的香料和药草调制的创意鸡尾酒。（见122页）

New York Bar 在柏悦酒店的酒吧一边赏夜景，一边听爵士乐，找找《迷失东京》中比尔·莫瑞的感觉。（见122页）

最佳精酿啤酒

Good Beer Faucets 位于涩谷，供应相当好的艾尔啤酒。（见94页）

Yanaka Beer Hall 在迷人的古旧木质建筑群中品尝精酿艾尔啤酒。（见148页）

最佳清酒

日本酒造会馆 在这个清酒展示厅中找到最合口味的清酒。（见77页）

日本桥富山馆 品尝来自遥远的富山县的清酒。（见48页）

最佳夜店

SuperDeluxe 东京最有趣的夜店，活动类型五花八门。（见76页）

Womb 位于涩谷，四层楼的舞厅灯光闪烁，气氛劲爆。（见95页）

Contact 提前在线注册以便进入这家东京最酷的会员制夜店。（见96页）

最佳当地人酒肆

中目乒乓球酒吧 在中目黑跟潮人们一起打打乒乓球。（见81页）

These 在上流飞地西麻布喝喝鸡尾酒，再看看书。（见75页）

Never Never Land 下北泽的有趣角落。（见99页）

最佳茶和咖啡

寿月堂 备受推崇的商家，供应各种茶饮。（见61页）

Cafe de l' Ambre 银座老字号，主打世界各地的陈年咖啡豆。（见60页）

东京最佳 娱乐

东京娱乐项目的亮点包括生动的歌舞伎和细腻的能乐（早于歌舞伎的风格化舞剧）等传统表演艺术，另外这里也有人气爆棚的相扑、棒球等比赛，以及古典（东西方风格均有）、爵士、流行或是纯粹闹哄哄的音乐演出。

最佳现场音乐

Shinjuku Pit Inn 东京爵士乐场所的老字号，适合真正的爵士乐爱好者。（见123页）

Unit 有现场演出和DJ打碟，受众非常时尚。（见87页）

东京文化会馆 位于上野公园，音响效果和内部装饰出众。（见149页）

WWW 热闹的涩谷现场音乐场地，各个角度都能很好地观赏演出。（见96页）

东京歌剧城音乐厅 这个音乐厅拥有优秀的音响效果，是东京爱乐乐团和其他知名团体的演出场地。（见123页）

追分 在这家难得一见的民谣居酒屋品味旧日旋律。（见160页）

最佳传统剧院

国立剧场 布置富丽堂皇，能欣赏到顶级的能乐、文乐木偶戏以及其他戏剧。（见77页）

歌舞伎座 传统戏剧的视觉盛宴，带给你感官和心灵的双重震撼。（见54页）

最佳观赏性体育运动

两国国技馆 在东京三大相扑巡回赛上观看巨汉们冲撞。（见64页）

东京巨蛋 日本顶级棒球队读卖巨人队的主场。（见135页）

KAZUNORI NAGASHIMA / GETTY IMAGES ©

☑ 独家贴士

▸通过**Ticket Pia**（チケットぴあ；☎0570-02-9111；t.pia.jp；⏲10:00~20:00）购买音乐会门票，浅草文化观光中心（见156页）里面也有它的售票亭。

▸在网站www.kabuki-bito.jp可以买到歌舞伎表演的门票。

▸想要购买任一国立剧院的演出门票，可登录www.ntj.jac.go.jp了解详情。

▸Tokyo Dross（tokyo-dross.blogspot.com）提供现场音乐和其他活动的详细信息。

东京最佳
温泉和钱汤

别不好意思！在许多日本人看来，泡一次温泉才能了解他们的文化，而泡温泉之后的美妙感受更可以打消你的疑虑，甚至使你爱上这种享受。温泉浴场使用来自地下的天然温泉水。钱汤（Sentō）就是老式的公共浴池，通常使用普通的热水（但也有许多在日本才能体会到的乐趣）。

入浴礼仪

脱光衣服和陌生人待在一起已经够吓人了，所以其实也没那么多规矩。你需要明确的只有一条：进浴池之前先把身体清洗干净。在进入浴室的时候，把鞋子放到入口处的储物柜里，之后交钱并前往更衣室，要看清门帘上的字，别走错了。衣服放在储物柜和篮子里，只带洗漱用品和一条小毛巾。泡澡之前，先坐在龙头下的小凳上彻底清洗身体，肥皂泡一定要冲干净。

小毛巾的用处很多：可以用它来搓洗身体（之后记得把毛巾洗干净），或者在走动时遮挡身体部位。不过毛巾不能接触浴池水，所以学着日本人那样，把它放在浴池边上或折起来顶在头上。回到更衣室前要用毛巾把身体擦干，以免有水滴到更衣室的地面。

有文身者可能会被一些浴场谢绝入场，因为文身被认为与黑道（yakuza）有关。入口处通常有明确标志提示。

PATRICK SHYU / CONTRIBUTOR / GETTY IMAGES ©

☑ 独家贴士

- 钱汤不提供肥皂和毛巾，记得自带（或者在柜台处购买）。
- 看清门帘上的汉字，日文也是“男”和“女”。

最佳浴场

大江户温泉物语 一座“温泉主题乐园”，有真正的温泉水和各式泡池。（见162页）

蛇骨汤 经典的钱汤，使用地道温泉水，对文身者没有限制。（见156页）

Spa LaQua 设有多个泡池和桑拿房的都市放松之地。（见131页）

东京最佳 购物

东京引领着全日本的时尚潮流，这里的商家都带着一股极大的热情——尤其在不景气的经济环境下。从古怪的时装到前卫的电子产品，再到古董和传统工艺品，东京能诱惑你花钱的地方真的太多。这里的商品普遍品质出众，而且也不像想象中那样贵得离谱。

购物地点

东京的时尚派系名声在外，每个群体都有各自喜爱的据点。银座一直以来都是东京的顶级购物区，许多高端百货商店和精品店坐落于此，不过这里也不乏主打快时尚的商场。位于城市另一端的原宿也有许多精品店，出售的商品既有奢侈品牌也有街头时尚。涩谷则是青少年流行元素的中心。

新宿最适宜一站式购物，这里有百货商店、数码产品经销店、书店等各类商家。浅草有许多或传统或现代的工艺品店铺，不失为购买纪念品的好选择。

跳蚤市场

东京各街区都常有跳蚤市场和古董市场，其中很多都在神社举办，花园神社（见120页）每周日都有跳蚤市场。农夫市集@UNU（见111页）每月第一个周末会开设更为时尚的跳蚤市场**Raw Tokyo**。东京国际会议中心（见46页）每月有两次**大江户古董市场**（大江戸骨董市），汇聚了售卖高品质商品的摊贩。

KORKUSUNG / SHUTTERSTOCK ©

☑ 独家贴士

▶越来越多的商家对购物超过5000日元的外国游客提供免税服务。留意橱窗的标志，记得带好护照，不然的话就要多付8%的税款。更多信息可登录https://tax-freeshop.jnto.go.jp查询。

▶在跳蚤市场可以讨价还价，不过杀价太狠是很讨人厌的行为。

最佳时装

Dover Street Market
Comme des Garçons及其他前卫品牌。（见62页）

阿美横丁

Fake Tokyo 发现新晋日本时装设计师的好去处。（见96页）

Kapital 复古织机生产的牛仔布和华丽的手工印染织品。（见87页）

伊势丹 东京最紧跟时尚的百货商店。（见125页）

Sou-Sou 现代气质的日本传统服饰。（见112页）

最佳市场

筑地场外市场 气氛美妙的美食摊贩聚集地。（见52页）

阿美横丁 位于上野，充满怀旧感的“二战”后市场。（见149页）

最佳商场

mAAch ecute 前身是车站，有许多精品店和餐厅。（见137页）

Coredo室町 日本制造的顶级时装和食品。（见48页）

最佳特色购物点

代官山T-Site 时髦的建筑，提供大量艺术和旅行书籍，是个备受喜爱的好去处。（见81页）

优衣库旗舰店 东京市民囤购各种基本款的地方。（见63页）

堂吉诃德 出售各种稀奇古怪的商品，通宵营业。（见117页）

最佳食品和厨房用具

Akomeya 包装精美、可口的传统美食。（见62页）

Marugoto Nippon 日本各地食品的展示场。（见160页）

合羽桥道具街 大厨最爱逛的厨房用品一条街。（见161页）

最佳纪念品

东急手创店 有8个楼层的杂货店，出售小玩意、工艺品、美容品等各种商品。（见96页）

Takumi 将来自全日本的传统工艺品一网打尽。（见62页）

SOUVENIR FROM TOKYO 出自当地艺术家和设计师之手的孤品。（见77页）

东京最佳
同性恋场所

总体而言，东京是个包容性很强的城市，但不管是同性恋还是异性恋，在公众场合过于亲密的举动并不常见，甚至看不到有人牵手。新宿二丁目（Shinjuku-nichōme，昵称Ni-chōme）是东京的同性恋飞地，几个街区的范围内集中着数百家同性恋场所，包括酒吧、夜店、桑拿和情人旅馆。

派对和活动

由于酒吧都很小，大型活动通常分布在全城各处（可以在二丁目周边找找传单）。**Shangri-La**（www.ageha.com/gn/ja/events/index.html）是东京规模最大的同性恋派对，在港区的超级夜店Ageha举行。**Goldfinger**（www.goldfingerparty.com）是东京最诱人的同性恋派对，只接待女性。每年5月，日本的同性恋、双性恋和跨性别者群体齐聚东京参加**彩虹骄傲大游行**（tokyorainbowpride.com）。

TARO KARIBE / STRINGER / GETTY IMAGES ©

☑ 独家贴士

- 在二丁目，并非所有的酒吧都接待外国人，可以登录Utopia Asia（www.utopia-asia.com）查看接待外国人的场所列表。
- 二丁目之外的情人旅馆有时不接待同性情侣，或者宰客；普通酒店则无所谓。

最佳LGBTIQ酒吧

Aiiro Cafe（アイイロ カフェ；aliving.net/aiirocafe；新宿区新宿 2-18-1；⏲周一至周四 18:00至次日2:00，周五和周六 18:00至次日5:00，周日 18:00至午夜；Ⓢ丸之内线至新宿三丁目，C8出口）从这家街角酒吧开始体验二丁目的夜生活。

Bar Goldfinger（☎03-6383-4649；www.goldfingerparty.com；新宿区新宿2-12-11；⏲18:00至深夜；Ⓢ丸之内线至新宿三丁目，C8出口）气氛友好的女同性恋酒吧。

Town House Tokyo[☎03-3289-8558；townhousetokyo.com；港区西新桥1-11-5 コルティーレ銀座ビル(Koruteire Ginza Bldg)6楼；入场费含1杯饮品¥1000起；⏲周一至周四 18:00至次日2:00，周五 至次日4:30，周六16:00至午夜；Ⓢ银座线至新桥，3出口]位于新桥的同性恋酒吧，主要面向男士。

Arty Farty（www.arty-farty.net；新宿区新宿 2-11-7 2楼；⏲18:00至次日1:00；Ⓢ丸之内线至新宿三丁目，C8出口）在酒吧拥挤的舞池里邂逅新伙伴。

东京最佳
儿童旅行体验

从许多方面来说，东京都堪称家长们的天堂：非常干净、安全，现代化设施应有尽有。尽管多数顶级景点并不能引起幼童们的兴趣，但大一些的孩子和青少年则会对东京的流行文化感到激动不已。涩谷和原宿有许多颇受东京本地青少年喜爱的商店、餐馆和游戏厅。

带孩子旅行

在东京市中心，大型连锁餐厅（如Jonathan's、Royal Host、Gusto等）是最适宜家庭就餐的选择，这些场所提供大型卡座、高脚椅、无烟区和儿童菜单（往往是西餐）。多数酒店提供婴儿床，使用的话加收少许费用，但几乎不可能找到配两张双人床的客房（如非高档套房）。日式旅馆（Ryokan）通常为在地上铺床垫的房间，可供4~5人住宿。

家庭乐趣

温泉主题公园大江户温泉物语（见162页）的气氛欢快，有许多旧时的游戏项目，还可以穿着日式浴衣（yukata；较为简易的棉质和服）。下雨的午后不妨去卡拉OK厅。如果孩子喜欢火车，可以去新宿站的南部平台，观看世界最繁忙的火车站车来车往。

最佳博物馆

国立科学博物馆 包罗万象的自然奇观和互动展品。（见147页）

吉卜力美术馆 展示有趣的动漫人物，激发儿童灵感。（见126页）

COWARDLION / SHUTTERSTOCK ©

☑ 独家贴士

- 多数城市博物馆和庭园对12岁以下儿童免费。
- 6岁以下儿童可免费乘坐公共交通工具，12岁以下半票。
- 尽量在10:00~17:00乘坐地铁，避开拥挤的人群。
- 百货商店设有哺乳和换尿布的专区。

东京国立博物馆 铠甲和武士刀。（见140页）

下町风俗资料馆 江户时期的游戏和建筑等待孩子们去探索。（见146页）

东京最佳 课程

在东京，你可以关注的活动包括传统工艺品制作和烹饪课程。参加这些课程不但可以接触日本文化，也让你有机会与开设课程的当地行家交谈并深入了解。

最佳烹饪课程

Tokyo Cooking Studio [東京クッキングスタジオ; http://tokyo.cookingstudio.org; 中央区湊（Minato）3-18-14 Hins Minato #004; 课程 最多3人 ¥30,000起; S 有乐町线至新富町（Shintomichō），7出口] 学习如何制作荞麦面，师傅会说英语。

Buddha Bellies（http://buddhabelliestokyo.jimdo.com; 千代田区神田神保町22-4-3 Uekuri Bldg 2楼; 课程 ¥7500起; S 新宿线至神保町，A2出口）亲手制作寿司、便当和乌冬面的小班课程。

Tokyo Sushi Academy（☎03-3362-2789; http://sushimaking.tokyo; 中央区築地 4-7-5 Tsukiji KY Bldg 2楼; 每人 ¥5400; ⏰周六 9:00~15:00; S 日比谷线至筑地，1出口）30分钟的寿司速成班，之后有1小时任意制作和品尝。

最佳艺术课程

Wanariya[和なり屋; ☎03-5603-9169; www.wanariya.jp; 台東区千束（Senzoku）1-8-10; 靛蓝染色/编织 ¥1920/1980起; ⏰周二至周四 10:00~17:00; S 日比谷线至入谷（Iriya），1出口]学习靛蓝

MICHAEL H / GETTY IMAGES ©

☑ 独家贴士

▸可以在东京旅游的官方网站（www.gotokyo.org/tc/tourists）了解更多体验课程，包括太鼓、手抄和纸、制作日式糕点等，支持中文。一些较知名的饭店（如大仓饭店）也提供日本文化体验。

▸课程大都是小班授课，所以要提前报名（通常可以通过网络报名）。

▸旅游信息中心往往为旅行者举行一次性活动（通常免费），可在旅游服务中心（TIC）办事处咨询具体安排。

染色和传统手织机编织。

木版馆[Mokuhankan，木版館；☎070-5011-1418；http://mokuhankan.com/parties；台東区浅草（Asakusa）1-41-8 2楼；每人 ¥2000；⏲周一至周三10:00~17:30；🚇筑波快线（Tsukuba Express）至浅草，5出口]可以自己动手，印制浮世绘（木版画）。

小原流插花[Ohara School of Ikebana，小原流いけばな；☎03-5774-5097；www.ohararyu.or.jp；港区南青山（Minami-Aoyama）5-7-17；每节课 ¥4000；S银座线至表参道（Omote-sandō），B1出口] 提供英语的插花入门课程。

视觉中国 提供

Tokyo Sushi Academy

东京
当地生活

带你体验原汁原味的东京

不要局限于热门景点，你也可以从当地人的视角走进东京，探索这座城市中的艺术飞地、妙趣横生的亚文化、稀奇古怪的消遣去处和美妙绝伦的夜生活。

探索代官山和中目黑

（见80页）

☑时尚的精品店
☑运河畔漫步

下北泽一夜

（见98页）

☑奇特的酒吧
☑波希米亚氛围

夜幕下的新宿（见116页）

☑丰富多彩的夜生活　☑深夜食堂

秋叶原的下午（见136页）

☑流行文化　☑美妙的复古风

漫步谷中老街（见142页）

☑艺术气息浓郁的画廊　☑蜿蜒的小巷

像当地人一样感受东京，你还可以去：

有乐町（见47页）

银座步行街（见59页）

西麻布（见75页）

惠比寿横丁（见85页）

惠比寿花园广场（见87页）

大头贴圣地（见95页）

青山的周末市场（见111页）

神保町书街（见132页）

上野和谷根千骑行（见146页）

Hoppy通（见159页）

东京
每日行程

第一天

行程的第一站是东京标志性的神道教神社**明治神宫**（见102页）。之后沿时尚的**表参道**（见166页）漫步，观赏令人叹为观止的当代建筑。穿过**里原宿**（见112页）的小巷一路返回（并购物），再去年轻潮人的聚集地**竹下通**（见106页）走走。顺路在当地人青睐的**原宿饺子楼**（见108页）吃顿饺子。

前往涩谷（可以步行）并漫步于小巷中，在这个洋溢着青春气息的街区继续感受东京的流行文化。不要错过主干道**涩谷中央街**（见92页）和火车站里**《明日的神话》壁画**（见92页）。在涩谷盘桓至黄昏，领略华灯初上的**涩谷十字路口**（见92页）。

乘列车去新宿，融入汹涌人潮，欣赏这个霓虹闪烁的绝佳夜生活区域。**东京都厅舍**（见119页）观景台开放至23:00，可以免费欣赏街景。在一流的居酒屋**呑者家**（见120页）吃晚饭，或者在时光凝滞的**思出横丁**（见116页）品尝串烧。21:00前后去**黄金街**（见117页）的小酒吧凑个热闹。

第二天

不吃早饭直奔**筑地场外市场**（见52页），穿梭于众多美食摊贩之间，每样吃点儿很快就饱了。此地还有摊档出售厨房用具、茶叶等其他许多商品。从筑地步行即可到达优美的**滨离宫恩赐庭园**（见57页），这里的**中岛御茶屋**（见57页）可供喝茶歇脚。

步行（或乘出租车）至百货商店、画廊、高端精品店云集的银座，在银座的寿司店**银座久兵卫**（见59页）大快朵颐（必须预订）。继续走到日比谷，看一眼被护城河与城墙环绕的**皇居**（见42页）外沿。然后跳上地铁回到东银座的**歌舞伎座**（见54页），欣赏歌舞伎表演（提前通过网络了解演出安排）。

入夜后，沿着高档酒吧林立的**并木通**（59页）和绿树成行、环境宜人的**中通**（见171页）步行到丸之内。其附近是有乐町，可以去高架铁道桥下的**万福食堂**（见47页）品味清酒、啤酒和小吃。

没时间?

我们将东京的必游看点融入这些按天规划的行程之中,确保你能在有限的时间内看到这座城市最美的一面。

第三天

上午探索景点众多的**上野公园**(见145页),**东京国立博物馆**(见140页)、历经数百年的寺庙和神社以及东京最大的动物园都在此地。然后漫步穿过充满怀旧气息的露天市场**阿美横丁**(见149页)。

在历史气息浓厚的**Hantei**(见147页)吃午饭,然后穿行于**谷中**(见142页)的蜿蜒小巷中,游览这里的画廊和工作室。下午晚些时候,乘地铁去浅草,参观**浅草寺**(见152页)建筑群,再去周边纵横交错的老巷里走走。这里还有许多出售传统工艺品和食物的店铺(但许多商店到18:00就不营业了)。黄昏时庙宇灯火通明,景象尤为壮观,不容错过。

晚饭时,可以去百年老店**大多福**(见156页)大吃关东煮,或者到**浅草今半**(见158页)享用顶级牛肉。浅草的夜生活有着与众不同的乐趣,历史悠久的**神谷酒吧**(见159页)和演唱民谣的酒馆**追分**(见160页)都值得一去。

第四天

搭乘火车一路向西,前往奇妙的**吉卜力美术馆**(见126页;需要预约;建议10:00前到达)。然后步行穿越绿树成荫的**井之头公园**(见127页)抵达吉祥寺,这里有咖啡馆和餐馆可补充体力。也可以去**大江户温泉物语**(见162页),在汤池里放松一个上午。

最后一天的下午挑一个备受当地人喜爱的街区去探索。你可以去流行文化中心**秋叶原**(见136页)体验主题咖啡馆和复古街机游戏,也可以到精品店林立的**代官山和中目黑**(见80页)来场低调的漫步之旅。

晚上去六本木,见识一下东京首个集工作、生活、休闲功能于一身的综合设施**六本木新城**(见68页),出色的**森美术馆**(见69页)就位于其中一栋高楼的顶层,开放至22:00。随后你便可以一头扎进六本木的灯红酒绿之中,记得一定要去唱一场卡拉OK。人气拉面馆**五行**(见75页)整晚营业。

行前参考

更多信息，
见173页生存指南

货币

日元（¥）

1人民币≈16.81日元

语言

日语

签证

对中国公民的旅游签证，必须由有指定资质的旅行社代办，单次旅游签证有效期为15天。另外也有附带条件的三年和五年多次入境签证。

现金

百货商场、药妆店以及大部分酒店皆可接受信用卡，部分支持银联。邮局和一些便利店的自动取款机也支持银联卡取现。但最好还是随身带些现金。

手机

免费Wi-Fi随处可见。但若想随时上网，最经济实用的办法是在国内事先租好便携式Wi-Fi，或者买张4G上网卡。

时间

日本标准时间（Japan Standard Time），比北京时间早1小时。

插座和电源

标准电压为100伏，两脚扁型插座，与中国一致，但没有三脚插座。

小费

并无给小费的惯例，高档餐厅会加收10%的服务费。

❶ 出发前

每日预算

经济：¥8000以下

- 多人间床位：¥3000
- 免费景点
- 面条：¥750
- 24小时地铁通票：¥600

中档：¥8000~20,000

- 商务酒店双人间：¥14,000
- 博物馆门票：¥1000
- 居酒屋双人晚餐：¥6000

高档：¥20,000以上

- 四星级酒店双人间：¥35,000
- 寿司套餐：¥15,000
- 乘出租车回酒店：¥3000

网络资源

Go Tokyo（www.gotokyo.org/cn）东京都政府旅游网，有非常丰富的旅游相关信息。

Time Out Tokyo（www.timeout.jp/en/tokyo）有大量评论和可靠的周末指南。

Let's Enjoy Tokyo（www.enjoytokyo.jp）实时更新的每周活动指南，日文版信息更丰富，可尝试网页翻译。

Tokyo Cheapo（www.tokyocheapo.com）提供便宜游东京的建议。

Tabelog（食べログ；tabelog.com/cn）日本使用人数最多的美食点评网站，评分相对靠谱（也偏严苛）。与此相似的还有Gurunavi（侧重餐厅信息分类）和Hot Pepper（以做优惠券起家）。

提前计划

3个月以前 购买吉卜力美术馆门票；预订顶级餐厅。

1个月以前 在线预订相扑、歌舞伎和巨人队比赛的门票，预订皇居团队游；浏览节日、活动和展览信息。

② 抵达东京

成田机场（Narita）位于东京市区以东66公里处，大部分国际航班都在此起降。城市南端的**羽田机场**（Haneda）地理位置更便利，日本国内航班较多，国际航班也在不断增加，深夜航班常飞抵羽田机场（留意公共交通停运问题，前往市区出租车费用约¥8000）。

从成田机场出发

目的地	最佳交通方式
丸之内（东京站）、新宿、涩谷	JR成田特快（Narita Express/N' EX）
银座、六本木、惠比寿	京成电铁Skyliner至上野，再换乘地铁（日比谷线）
上野	京成电铁Skyliner
浅草	京成电铁Skyliner至上野，再换乘地铁（银座线）

从羽田机场出发

目的地	最佳交通方式
丸之内（东京站）、上野	东京单轨电车至滨松町，再换乘JR山手线
惠比寿、涩谷、新宿	京急线至品川，再换乘JR山手线
六本木	东京单轨电车至滨松町，再换乘地铁（在大门站乘坐大江户线）
银座、浅草	搭乘京急线可直达浅草；去银座需在东银座站换乘日比谷线

从东京站出发

东京站是新干线的枢纽，JR山手线和地铁丸之内线也经过该站。在丸之内中央出口和八重洲中央出口前都有出租车候车区。

③ 当地交通

东京拥有出色的公共交通系统，这一系统本身就是一大景点。最好购买预付费的交通卡——Suica卡或Pasmo卡，持卡可以乘坐所有列车线路并自由换乘，免去购买纸质车票的麻烦。

列车

列车是穿梭东京最快捷的交通工具，但每天午夜至凌晨5：00不运营。东京地下铁（Tokyo Metro）和都营地铁（Toei）共有13条地铁线路，日本铁路公司（Japan Rail，简称JR）亦有多条城铁线路。所有车站都有英语标识。JR山手线是条环线，经过许多主要景点，堪称最实用的线路。

出租车

四人一起出行时乘出租车才划算。司机中会说英语的很少，而且只知道主要景点。不过在午夜后，出租车是你出行的唯一选择。

自行车

适合相对安静、交通压力不大的街区，有些旅舍也提供自行车租赁。

渡轮

观光渡轮在隅田川（Sumidagawa）上往返。船票价格不菲，船的速度也很慢，但沿途景色优美。

东京
区域速览

涩谷(88页)
东京年轻人的文化中心，有着科幻电影般的场景：超大显示屏、花哨的时装和拥挤的人群。

新宿(114页)
东京最大的枢纽地带，有世界上最繁忙的车站、东京都厅和一个巨大的公园，适合购物和夜生活。

后乐园和神乐坂(128页)
一间备受争议的神社，一片有着旧时代风情小巷和隐秘餐馆的街区，一处传统庭园，以及读卖巨人棒球队的主场。

原宿和青山(100页)
东京最大的神道教神社所在地，同时也充斥着购物人群和高档品牌形象建筑，传统与潮流在这里融为一体。

顶级景点

明治神宫

惠比寿和目黑(78页)
汇聚了众多个性街区，拥有时尚精品店、出人意料的博物馆，以及出色的餐厅和酒吧。

上野和谷根千(138页)

东京最著名的博物馆，以及几十年来不曾变化的寺庙、神社与住宅区。

顶级景点

东京国立博物馆

浅草(150页)

东京传统文化的中心，古老的庙宇、传统商业区以及无数怀旧风的餐馆和酒吧汇聚于滨河地带。

顶级景点

浅草寺

皇居和丸之内(40页)

皇居庭院加上丸之内的摩天大厦，带给你历史与现代相碰撞的奇妙感受。

顶级景点

皇居

值得一游

当地生活

下北泽一夜(98页)

秋叶原的下午(136页)

筑地和银座(50页)

东京最有品位的街区，百货商店、精品店、庭园、茶室和高级餐厅不胜枚举。

顶级景点

筑地场外市场

歌舞伎座

六本木和赤坂(66页)

夜生活久负盛名，这个具有前瞻性的街区也是先锋艺术、建筑和设计的集中地。

顶级景点

六本木新城

值得一游

顶级景点

大江户温泉物语(162页)

两国国技馆的相扑(64页)

富士山(164页)

吉卜力美术馆(126页)

MEN'S
平均消費電力が

探索 东京

值得一游

最佳步行游览

了解东京

涩谷十字路口（见92页）
SEAN PAVONE / SHUTTERSTOCK ©

探索

皇居和丸之内

皇居是东京的地理中心，这片开阔的绿色空间包括如今被辟为公园的北之丸公园（如图）以及多间博物馆。附近的丸之内是熙熙攘攘的商业区，这里淋漓尽致地展现着东京的特色，光彩夺目的摩天大厦林立，纪念性建筑颇多，此外还有许多餐馆、酒吧和商店供忙碌的白领们放松休闲。

一日游行程

乘列车前往**东京站**（见47页），欣赏最近修复的百年建筑。然后去**皇居**（见42页）跟随工作人员游览，10:00有一场（最好预约，或当天早上去领号）；或者你也可以沿着护城河随意走走，参观无须预约的秀丽**东御苑**（见43页）。

中午在**Rose Bakery Marunouchi**（见48页）简单吃些东西，或者到外观恢宏的**东京国际会议中心**（见46页）附近，那里时有快餐车（但仅在工作日）。下午可以参观这一区域众多出色的博物馆，如**Intermediatheque博物馆**（见45页）、**东京国立近代美术馆**（见45页）及其**工艺馆**（见46页），后两者位于风景优美的北之丸公园内。附近可逛的还有**KITTE**（见49页）和**Coredo室町**（见48页）两家顶级购物中心。

晚餐时前往日本桥，这一历史街区有许多可追溯至幕府时期的商店和餐馆。如果已经挑花了眼，不妨去供应传统日本菜肴的**丰年万福**（见47页）。此外，有乐町烟雾缭绕的烤鸡肉串（焼き鳥，yakitori）摊档也是体验当地美食文化的好去处。

顶级景点

皇居（见42页）

东京最佳

博物馆和画廊

Intermediatheque博物馆（见45页）

东京国立近代美术馆（见45页）

建筑和设计

东京国际会议中心（见46页）

三越百货日本桥本店（见48页）

公园和庭园

东御苑（见43页）

购物

Coredo室町（见48页）

到达和离开

火车 山手线、成田特快、新干线等JR列车均停靠东京站。再向南一站的有乐町站（Yūrakuchō）对于游览这一区域也很方便。

S 地铁 丸之内线（Marunouchi Line）经过东京站，三田线（Mita Line）、千代田线（Chiyoda Line）和半藏门线（Hanzōmon Line）等地铁线路也在附近设站。前往京桥和日本桥可以乘坐银座线（Ginza Line）。

顶级景点

皇居 (Imperial Palace)

皇居占据着江户城旧址一带，后者曾是德川幕府（1603~1868年）将军的居城。该城在鼎盛时期曾是世界上规模最大的城堡，然而现在除了护城河和石墙以外几乎无迹可寻。如今的宫殿是明仁天皇和皇后美智子的居所，竣工于1968年，替代了原建于1888年但在“二战”中遭到严重破坏的宫殿。

见44页地图，A2

03-5223-8071

http://sankan.kunaicho.go.jp/english/guide/koukyo.html

千代田区千代田（Chiyoda, Chiyoda-ku）1

开放游览时间通常为周二至周六 10:00和13:30

S 千代田线至大手町（Ōtemachi），C13b或C10出口

皇居东御苑

参观皇居内部

作为日本天皇的居所，占地3.4平方公里的皇居中多数区域不对外开放，但你可以通过宫内厅组织的免费团队游参观小部分庭院。游览时间为周二至周六的10:00和13:30，整个行程约1.25小时，节假日期间以及7月下旬至8月底的下午不对公众开放（详细开放时间可登录网站查询）。最早可提前1个月通过网站、电话或邮件预约。

皇居广场

如果没参加团队游，也可以从皇居广场（Imperial Palace Plaza，皇居外苑）的西南角眺望由两座宫桥——铁制的**二重桥**（Nijū-bashi）和石制的**眼镜桥**（Megane-bashi）——组成的著名地标。在桥的后面，可见到拔地而起的江户时代的**富士见橹**（Fushimi-yagura，即望楼）。

东御苑

东御苑（Imperial Palace East Garden，皇居東御苑，Kōkyo Higashi-gyoen；门票免费；⏲11月至次年2月9:00~16:00，3月至4月中旬、9月和10月 至16:30，4月中旬至8月 至17:00，全年周一和周五闭园）过去曾是城堡建筑群的一部分，精雕细琢，景致秀丽。在此能近距离观看以前用来修筑城墙的巨石，甚至还可以爬上一处天守阁的遗迹眺望。东御苑入园的游客人数是有限的，因此任何时候都不会觉得拥挤。大部分游客会经**大手门**（Ōte-mon）入园，这是离东京站最近的大门，也是江户城从前的主入口。必须在入园前领取“入园票”，并在游览结束时返还。

☑ 独家贴士

- 如果没有预约皇居的团队游览，可以提前至少30分钟到行程起点，即**桔梗门**（Kikyō-mon，见44页地图，B2）外的广场，通常8:30开始发放号码纸，限额300人，发完即止。记得携带有照片的身份证件。
- 每逢周日（下雨天除外），可以骑免费自行车沿祝田桥（Iwaida-bashi）和平川门（Hirakawa-mon）之间长3.3公里的皇居自行车道骑行。自行车共150辆，先到先得。取车地点在皇居广场的警察岗亭旁（千代田线至二重桥前站，2出口）。

✂ 吃喝落脚点

Rose Bakery Marunouchi（见48页）距二重桥不远，供应简单午餐、咖啡和蛋糕。也可以前往附近的东京国际会议中心（见46页），在周边的快餐车处解决午餐。

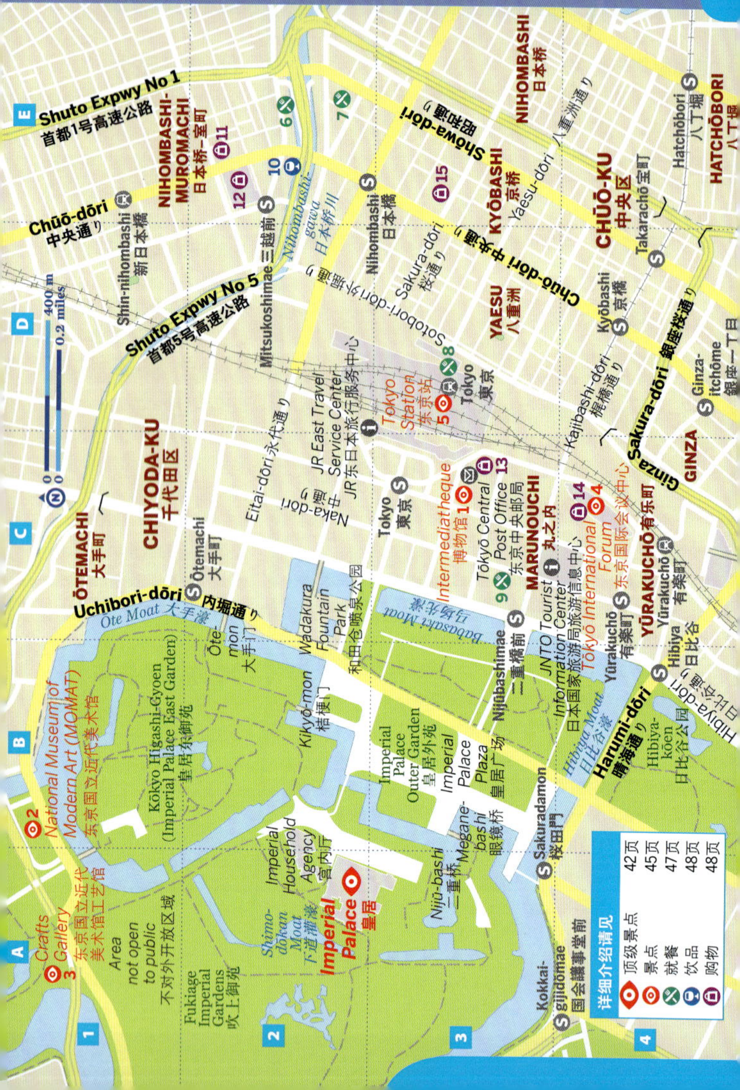
Shuto Expwy No 1
首都1号高速公路
NIHOMBASHI-MUROMACHI
日本桥-室町
Chūō-dōri
中央通り
Shin-nihombashi
新日本桥
Mitsukoshimae 三越前
Nihombashi-gawa
日本桥川
Nihombashi
日本桥
Shōwa-dōri
昭和通り
NIHOMBASHI
日本桥
KYŌBASHI
京桥
Yaesu-dōri
八重洲通り
CHŪŌ-KU
中央区
Takarachō 宝町
Hatchōbori
八丁堀
HATCHŌBORI
八丁堀
Sakura-dōri
桜通り
Sotobori-dōri
外堀通り
YAESU
八重洲
Kyōbashi
京桥
Ginza-itchōme
银座一丁目
Sakura-dōri 银座桜通り
Kajibashi-dōri
梶橋通り
GINZA
Shuto Expwy No 5
首都5号高速公路
CHIYODA-KU
千代田区
Eitai-dōri 永代通り
JR East Travel Service Center
JR东日本旅行服务中心
Tokyo Station
东京站
Tokyo
东京
Naka-dōri
仲通り
Intermediatheque
博物馆
Tōkyō Central Post Office
东京中央邮局
MARUNOUCHI
丸之内
Tokyo International Forum
东京国际会议中心
YŪRAKUCHŌ
有乐町
Yūrakuchō
有乐町
Hibiya
日比谷
Hibiya-dōri
日比谷通り
ŌTEMACHI
大手町
Ōtemachi
大手町
Uchibori-dōri
内堀通り
Ote Moat 大手濠
Ōte-mon
大手门
Wadakura Fountain Park
和田仓喷泉公园
Babasaki Moat
马场先濠
Nijūbashimae
二重桥前
JNTO Tourist Information Center
日本国家旅游局旅游信息中心
Harumi-dōri
晴海通り
Hibiya Moat
日比谷濠
Hibiya-kōen
日比谷公园
National Museum of Modern Art (MOMAT)
东京国立近代美术馆
Kōkyo Higashi-Gyoen (Imperial Palace East Garden)
皇居东御苑
Kikyō-mon
桔梗门
Imperial Palace Outer Garden
皇居外苑
Imperial Palace Plaza
皇居广场
Megane-bashi
眼镜桥
Sakuradamon
桜田門
Imperial Household Agency
宫内厅
Imperial Palace
皇居
Nijū-bashi
二重桥
Crafts Gallery
东京国立近代美术馆工艺馆
Area not open to public
不对外开放区域
Shimo-dokan Moat
下道灌濠
Fukiage Imperial Gardens
吹上御苑
Kokkai-gijidōmae
国会議事堂前
0 400 m
0 0.2 miles
详细介绍请见
顶级景点 42页
景点 45页
就餐 47页
饮品 48页
购物 48页

ESB PROFESSIONAL / SHUTTERSTOCK ©

东京国际会议中心（见46页）

景点

Intermediatheque博物馆 博物馆

1 见44页地图，C3

致力于跨学科实验的Intermediatheque博物馆从东京大学的众多藏品中精挑细选，将自身打造成为一座极具吸引力的当代博物馆。从日本最棒的鸟类标本收藏，到巨幅波普艺术画，再到一具精心保存的恐龙骨架，都很值得一看。这里还复原了一间气派的东大演讲厅，用于举办各种活动，如用留声机播放20世纪20年代的爵士乐唱片以及放映老电影。[☎03-5777-8600; www.intermediatheque.jp; 千代田区丸の内 2-7-2 JP Tower 二楼和三楼; 门票免费; ⏰周日和周二至周四 11:00~18:00，周五和周六 至20:00，周一闭馆; 🚉JR山手线（Yamanote Line）至东京站，丸之内出口]

东京国立近代美术馆 博物馆

2 见44页地图，B1

馆藏超过12,000件当地和国际艺术家的佳作，在二层至四层定期轮展；一层有特展。所有展品都是明治时期以来的，还通过肖像、摄影以及当代雕塑和视频作品展示了现代日本的发展历程。从“看得见风景的房间”可以欣赏东御苑令人赞叹的美景。[National Museum of Modern Art（MOMAT），国立近代美術館; Kokuritsu Kindai Bijutsukan; ☎03-5777-8600;

了解当地

明治维新

德川幕府实行闭关锁国政策长达250年，直到1853年美国海军准将马休·佩里（Matthew Perry）率领"黑船"进入东京湾，要求日本开放对外贸易才结束。默许开放让幕府颜面扫地，也令反对幕府的情绪更加高涨，日本南部的大名纷纷组成联盟，发起以恢复天皇亲政为目的的倒幕运动。到了1868年，在持续内战数月后，德川幕府垮台，时年16岁的明治天皇执政。明治将都城从京都迁至江户，并将后者更名为东京（东边的京都）。

明治维新对日本社会产生的影响极为深远，随着国门的打开，日本不但向西方学习了先进技术，也引入了新的政治理念和社会伦理。在日本首个现代意义上的商业区丸之内建立后，西装革履、搭乘电车通勤的白领文化便以之为中心发展起来。

www.momat.go.jp；千代田区北の丸公園3-1；成人/学生 ¥430/130，特展另外收费；⏲周二至周四、周六和周日 10:00~17:00，周五 至20:00；S东西线（Tōzai Line）至竹桥（Takebashi），1b出口]

东京国立近代美术馆工艺馆　博物馆

3 ◉ 见44页地图，A1

该馆是东京国立近代美术馆（见45页）的分馆，设在一栋老式红砖建筑内，专门展出优秀的民间工艺品：陶瓷器、漆器、竹制品、纺织品、玩偶等，经常更换展品。艺术家从在世的国宝级大师到当代的工匠，范围颇为广泛。工艺馆所在的建筑曾是近卫师团的司令部，在"二战"中被毁，后来又得到了重建。（Crafts Gallery，東京国立近代美術館工芸館；www.momat.go.jp；千代田区北の丸公園 1；成人/儿童 ¥210/70，每月的第一个周日免费；⏲周二至周日 10:00~17:00；S东西线至竹桥，1b出口）

东京国际会议中心　建筑

4 ◉ 见44页地图，C4

这个由拉斐尔·维诺里（Rafael Viñoly）设计的建筑奇迹是一处会议及艺术中心，包括8间礼堂和一座用于举办音乐会和各类活动的宽敞庭院。其东翼看起来很像游弋在都市水面上的玻璃船；可以乘电梯前往7楼，俯瞰下方来往的行人。值得一看的还有1457年率先修筑江户城的武士太田道灌（Ōta Dōkan）的雕像。[Tokyo International Forum，東京国際フォーラム；☎03-5221-9000；www.t-i-forum.co.jp；千代田区丸の内 3-5-1；门票免费；🚆JR山手线至有乐町（Yūrakuchō），中央出口]

东京站

地标

5 见44页地图，D3

2014年，东京站为迎接运营100周年纪念进行了全面的整修和扩建。位于丸之内一侧、由辰野金吾（Kingo Tatsuno）设计的雅致砖砌建筑巧妙地复原了包括穹顶在内的原始设计，内部还装饰着浮雕。从御幸通的广场、KITTE（见49页）购物中心的屋顶花园或新丸大厦（Shin-Maru Building）的7层露台眺望，最能领略东京站的美妙。（Tokyo Station，東京駅；www.tokyostationcity.com/tc；千代田区丸の内1-9；JR各线至东京站）

就餐

丰年万福

日本料理 ¥

6 见44页地图，E2

丰年万福的餐厅里挂着巨大的和纸（washi，日本手工纸）灯笼，食客们坐在灯笼下方大快朵颐，享用着便宜的牛肉或猪肉寿喜烧以及其他传统菜肴。食材就来自于日本桥的食品零售店。午餐时间的套餐非常超值。在比较暖和的月份，餐馆也会在河畔的露台上设立用餐区。[Hōnen Manpuku，豊年萬福；03-3277-3330；www.hounenmanpuku.jp；中央区日本橋室町 1-8-16；主菜 ¥1280~1850；周一至周六 11:30~14:30和17:00~23:00，周日 17:00~22:00；；银座线至三越前（Mitsukoshimae），A1出口]

泰明轩

日本料理 ¥

7 见44页地图，E2

自1931年起主打根据日本口味改良的西餐（洋食），每份仅售¥50的罗宋汤（ボルシチ）和卷心菜沙拉（コールスロー）更是吸引了大批食客。自伊丹十三导演的美食电影《蒲公英》（*Tampopo*；1985年）公映后，这家餐馆创造的蛋包饭（タンポポオムライス）就成了招牌菜。（Taimeik，ぁいめいけん；03-3271-2464；www.taimeiken.co.jp；中央区日本橋 1-12-10；午餐 ¥800起，蛋包饭 ¥1950；周一至周六 11:00~20:30，周日 至20:00；；银座线至日本桥，C5出口）

当地生活

铁路轨道下的晚餐

有乐町山手线高架轨道的下方，有许多居酒屋和烤鸡肉串的摊档。这些餐饮场所都很小，有些在店外的人行道上设有座位（不过也就是底儿朝上的啤酒箱）。**万福食堂**（まんぷく食堂，Manpuku Shokudō；见44页地图，C4；03-3211-6001；www.manpukushokudo.com；千代田区有楽町 2-4-1；服务费 ¥300；24小时；；JR山手线至有乐町，中央出口）值得一试。

东京拉面街

拉面 ¥

8 见44页地图，D3

8家精选的拉面屋都在东京站（见47页）八重洲一侧的这条地下商业街上设立了分店。从酱油（shōyu）拉面到蘸面（tsukemen），所有主要的拉面种类都有供应。最受欢迎的店铺门外往往排着长队，不过队伍移动的速度通常也很快。（Tokyo Rāmen Street，東京ラーメンストリート；www.tokyoeki-1bangai.co.jp/ramenstreet；千代田区丸の内 1-9-1東京駅一番街B1；拉面 ¥800起；7:30～22:30；JR各线至东京站，八重洲南出口）

Rose Bakery Marunouchi

面包房 ¥

9 见44页地图，C3

东京已经适应了巴黎Rose Bakery的用餐风格，这家美味的有机咖啡馆在Comme des Garçons精品店和其他几处潮流之地开设了多家分店。素食者的需求在这里可以得到很好的满足，甜食控也同样不会失望。[ローズベーカリー 丸の内；03-3212-1715；rosebakery.jp；千代田区丸の内 2-1-1 明治安田大楼（Meiji-Yasada Bldg）；蛋糕和乳蛋饼 ¥410起，午餐套餐 ¥1250；11:00～19:00；S千代田线至二重桥前（Nijūbashimae），3出口]

饮品

日本桥富山馆

酒吧

10 见44页地图，E2

东京市中心随处可见类似的富山（Toyama）特产专卖店。这家经销店的设计非常时尚，有一处很棒的酒吧，供应来自富山17家不同酒厂出产的精选上好清酒。3杯30ml的品酒套餐仅售¥700（90ml每杯¥600起）。有英语品酒贴士。（Nihombashi Toyama，日本橋とやま館；03-6262-2723；toyamakan.jp；中央区日本橋室町 1-2-6；11:00～21:00；S银座线至三越前，B5出口）

购物

Coredo室町

购物中心

11 见44页地图，E2

Coredo室町占据了3栋建筑，时尚在这里又向前迈进了一步。此处精心策划的几个楼层内皆是日本制造的顶级商品，包括化妆品、时装、家居用品、眼镜以及特色食品。（Coredo Muromachi，コレド室町；31urban.jp/lng/eng/muromachi.html；中央区日本橋室町 2-2-1；大部分商店 11:00～19:00；S银座线至三越前，A4出口）

三越百货日本桥本店

百货商店

12 见44页地图，E2

三越百货的日本桥本店是日本第一家百货商店，备受推崇。建筑本身非常宏伟，入口处有青铜狮子拱卫，一层正中还有真诚女神（Magokoro）的华丽雕像。每天10:00开始营业，届时全体员工伴着钟声鞠躬迎客的场面颇为壮观。（Mitsukoshi Nihonbashi；☎03-3241-3311；www.mitsukoshi.co.jp；中央区日本橋室町 1-4-1；⏰10:00~19:00；Ⓢ银座线至三越前，A2出口）

KITTE

购物中心

13 见44页地图，C3

这家经过精心设计的购物中心位于JP Tower的下面几层，部分由曾经的东京中央邮局大楼改建而来。建筑中庭值得一看，各种家居用品、时装、饰品和生活用品精品店分布四周，主打日本工艺和品牌。（https://jptower-kitte.jp；千代田区丸の内 2-7-2；⏰周一至周六 11:00~21:00；周日 至20:00；🚉JR各线至东京站，丸之内南出口）

大江户古董市场

古董

14 见44页地图，C4

这个五光十色的盛会汇聚了数百家商贩，出售从粗劣塑料雕像到珍贵陶瓷古玩等各式日本商品，可以讨价还价。通常于每月的第一个和第三个周日在东京国际会议中心（见46页）的庭院举办，详见下文网页。（Ōedo Antique Market，大江戸骨董市；☎03-6407-6011；www.antique-market.

TAKASHI IMAGES / SHUTTERSTOCK ©

KITTE

jp；千代田区丸の内 3-5-1；⏰每月第一个和第三个周日 9:00~16:00；🚉JR山手线至有乐町，国际会议中心出口）

高岛屋

百货商店

15 见44页地图，E3

这家高岛屋旗舰店（1933年）的设计方方正正，颇有几分纽约镀金时代（Gilded Age）的风采。购物金额超过¥5000即可享受退税，记得带上护照。（Takashimaya，高島屋；www.takashimaya.co.jp/tokyo/store_information；中央区日本橋 2-4-1；⏰10:00~20:00；Ⓢ银座线至日本桥，高岛屋出口）

探索

筑地和银座

东京最光鲜亮丽的街区当属银座，这个时尚中心拥有众多百货商店、画廊、庭园和茶室，除了多家著名餐馆之外，歌舞伎（日本传统表演艺术）剧院也在此地。距银座一步之遥则是风格迥异但同样繁华的商业区筑地，这里的食品市场（如图）尤为出名。

一日游行程

在**Turret Coffee**（见60页）喝杯拿铁，再到筑地五光十色的**场外市场**（见52页）转转，这里有多家摊贩出售烤牡蛎和香甜的煎蛋饼等多样美食，无疑是早餐的好选择。10:00~11:00，**筑地场内市场**（见57页）对公众开放，可以看到许多来此选购食材的专业厨师。

从筑地步行前往景色优美的**滨离宫恩赐庭园**（见57页），再到庭园内的茶室喝杯茶。然后到银座一路逛画廊看橱窗，你可以从晴海通（Harumi-dōri）和中央通（Chūō-dōri）交会处的银座四丁目出发，这也是这一带的中心，正对着**三越百货银座店**（见63页）。沿着中央通，你会经过一系列银座最精致的商店，包括全新的**Ginza Six**（见63页）商场。稍晚一些，去**银座久兵卫**（见59页）享用顶级的寿司作为午餐——这可比晚餐时段便宜。

至少得在东京著名的**歌舞伎座**（见54页）看一幕歌舞伎表演，才算不虚此行。银座的夜生活出了名的高端（价格自然令人咋舌），所以若是被人拦住不许入内，倒也省了不少银子。但选择加贺屋（见61页）总不会错，这里除了表演也供应美食。还可以到眼下人气高涨的拉面馆**篝**（见59页）碰碰运气找个座儿。

顶级景点

筑地场外市场（见52页）

歌舞伎座（见54页）

东京最佳

就餐

篝（见59页）

银座久兵卫（见59页）

建筑

中银胶囊大楼（见58页）

公园和庭园

滨离宫恩赐庭园（见57页）

购物

Takumi（见62页）

伊东屋（见62页）

Akomeya（见62页）

到达和离开

火车 JR山手线在新桥站（Shinbashi）和有乐町站停靠。

地铁 银座线、日比谷线（Hibiya Line）和丸之内线在银座中心区域的银座站交汇。前往筑地可乘日比谷线在筑地站下车，也可以乘大江户线（Ōedo Line）至筑地市场站（Tsukijishijō）。

渡轮 可在滨离宫恩赐庭园（见57页）的码头乘渡轮到浅草（Asakusa）和台场（Odaiba）。

顶级景点

筑地场外市场(Tsukiji Outer Market)

筑地场外市场(場外市場)的食材应有尽有,如果想制作一顿日式大餐,所需的全部原料都可以在这里一站式购齐。此外,这里也是个品尝美食的好去处,街边摊很美味,小餐馆和咖啡馆高度集中,有不少都主打海鲜。即使邻近的场内市场搬迁,这个气氛活跃、名副其实的人气区域仍会是美食爱好者最向往的游览地点。

见56页地图,D3

中央区築地六丁目

5:00~14:00

S 日比谷线至筑地,1出口

街边美食

成排的摊贩售卖鱼干、海苔、绿茶及腌菜等多种美食。记得要饿着肚子来，因为这里也供应品种丰富的外带小吃。我们的最爱包括**山长**（Yamachō，山長；☎03-3248-6002；築地 4-16-1；玉子烧 ¥100；⏲6:00~15:30；Ⓢ日比谷线至筑地，1出口）厚厚的玉子烧（玉子焼き；日式煎鸡蛋），**Tsukugon**（つくごん；www.tsukugon.co.jp；中央区築地 4-12-5；小吃 ¥210起；⏲周二至周日 6:30~14:00；Ⓢ日比谷线至筑地，1出口）的美味鱼糕小食，以及**Sanokiya**（さのきや；中央区築地 4-11-9；鲔鱼烧 ¥200~220；⏲周四至周二 8:30~14:00；Ⓢ日比谷线至筑地，1出口）的鲔鱼烧（maguro-yaki；甜豆馅的鲔鱼形状煎饼）。

厨房用具

市场内售卖的商品并非全是食品，也有大量的陶瓷器皿、卷寿司用的竹帘、高品质的厨房用刀等厨房器具。可以去**筑地常陆屋**（Tsukiji Hitachiya，つきじ常陸屋；中央区築地 4-14-18；⏲周一至周六 8:00~15:00，周日 10:00~14:00；Ⓢ日比谷线至筑地，1出口）挑选五花八门的实用厨具。

筑地的神社

离开市场之前顺道去**波除神社**（Namiyoke-jinja；☎03-3541-8451；www.namiyoke.or.jp；中央区築地 6-20-37；Ⓢ日比谷线至筑地，1出口）一游，在筑地工作和居住的人士也常常来此祭拜。神社入口两旁摆放着每年节日使用的巨大狮子面具，净手池上的水阀则是龙的造型。

☑ 独家贴士

- **筑地信息中心**（Information Centre Plat Tsukiji，ぷらっと築地；见56页地图；www.tsukiji.or.jp；中央区築地 4-16-2；⏲周一至周六 8:00~14:00，周日 10:00~14:00；Ⓢ日比谷线至筑地，1出口）提供街区地图，还出售独特的筑地纪念品。
- 场外市场的多数商店14:00打烊，所以要早点去。
- 场外市场可能拥挤不堪，如果推婴儿车或拖行李箱的话，尽量别走狭窄的小巷。

✕ 吃喝落脚点

去筑地市场的话，或早或迟都不妨在Turret Coffee（见60页）喝杯拿铁。

晚上来筑地时，可以到极具魅力的餐馆Trattoria Tsukiji Paradiso（见59页）品尝好吃的海鲜意面。

顶级景点

歌舞伎座(Kabuki-za)

舞台造型夸张、视觉效果强烈的歌舞伎是日本最具辨识度的表演艺术。歌舞伎发展于幕府统治时期，深受江户(幕府时期东京的旧称)日益富裕的商人阶层享乐品味的影响，因此服饰华丽、表演精美便成了这种艺术的鲜明特征。东京的歌舞伎剧院——歌舞伎座建于1889年，2013年翻新后增加了一座塔楼和华丽的外立面(由建筑师隈研吾设计)。

见56页地图，C2

03-3545-6800

www.kabuki-bito.jp/eng

中央区银座 4-12-15

票价 ¥4000~21,000，一幕见席票 ¥800~2000

日比谷线至东银座(Higashi-Ginza)，3出口

剧本

歌舞伎在幕府治下发展了数百年，积累了很多受欢迎的剧目，题材包括著名的历史事件、儿女情长与为国尽忠的冲突、殉情故事等。近松门左卫门（Chikamatsu Monzaemon；1653~1724年）是日本最著名的歌舞伎剧作家，尽管在早期他主要创作的是文乐木偶剧。

表演

歌舞伎与现实并无联系，聚焦于审美，迎合的是感官而非理智。它就像是会动的木刻版画，当演员摆出夸张的姿势定格时——也被称为"見得"，你会觉得把舞台上静止的一幕裱在画框里再合适不过。

歌舞伎的舞台布景有许多独特之处，供演员上下场的重要通道——花道（通向观众席的演员通道）便是一例。因此花道两旁的座位自然也就成了最好的座位。

演员

歌舞伎演员从小接受训练，有些演员更是出身歌舞伎世家，他们的祖辈在江户时代就活跃在舞台上，此后一代一代子承父业，将屋号（歌舞伎演员的家族袭名）传承至今。著名歌舞伎演员的声望毫不逊色于电影演员，有些甚至被认定为"人间国宝"（类似文化遗产传承人）。歌舞伎的演员只有男性，女性角色由被称作"女形"的男演员饰演。

在表演中的某些关键时刻，热情的歌舞伎拥趸们会大声喊出演员的屋名，这种行为被称为"挂声"，类似戏曲观众的叫好。

独家贴士

- 如果是在线购票的话，可以在剧场门口和地铁站地下通道里的自助取票机取票。插入购票时使用的信用卡即可。
- 可以租耳机听英语解说。每一幕提前10分钟开始放音，你可以借此了解演出剧目的背景信息。
- 部分场次尤其受欢迎，因此要先打听好是否还有票，并且至少在开演前1.5小时到达剧院以购买当日票。

吃喝落脚点

中场休息时吃份便当已经成了观看演出的传统。便当可在剧院内或外面的摊贩处购买（约¥1000）。

在茶室寿月堂（见61页）可以一边品茶一边欣赏歌舞伎座的屋顶花园。

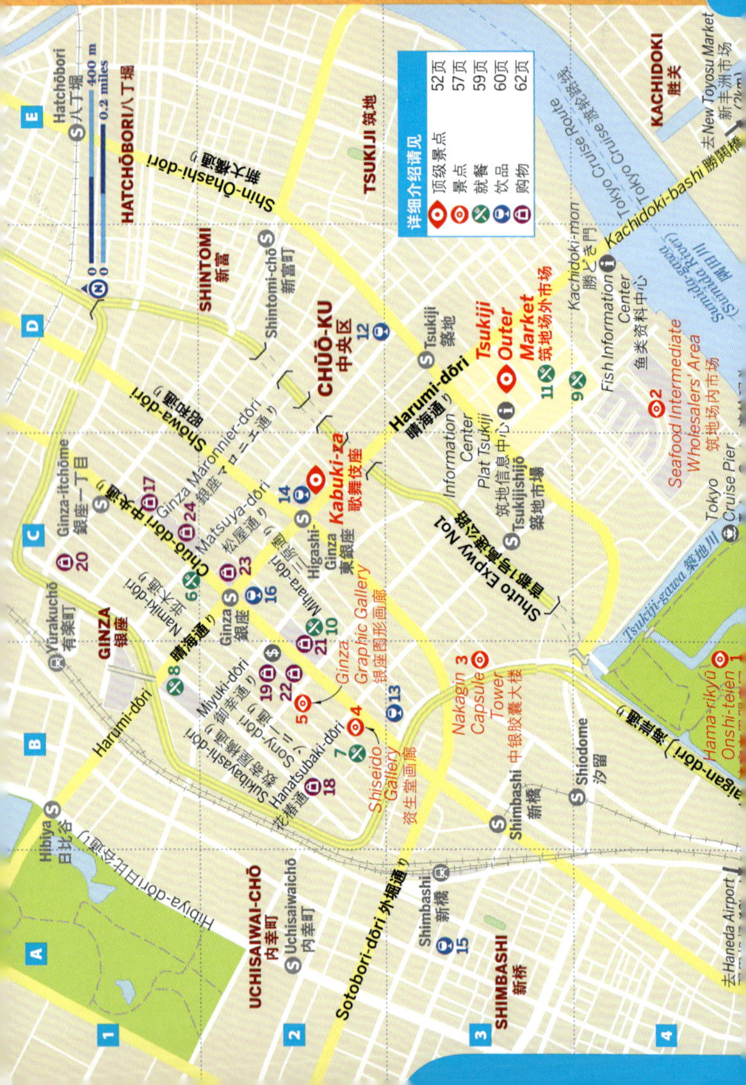
详细介绍请见
顶级景点 52页
景点 57页
就餐 59页
饮品 60页
购物 62页
0 400 m
0 0.2 miles
GINZA 银座
CHŪŌ-KU 中央区
SHINTOMI 新富
HATCHŌBORI 八丁堀
TSUKIJI 筑地
KACHIDOKI 勝关
SHIMBASHI 新桥
UCHISAIWAI-CHŌ 内幸町
Hatchōbori 八丁堀
Shintomi-chō 新富町
Tsukiji 築地
Ginza-itchōme 銀座一丁目
Ginza 銀座
Higashi-Ginza 東銀座
Yūrakuchō 有楽町
Hibiya 日比谷
Uchisaiwaichō 内幸町
Shimbashi 新橋
Shiodome 汐留
Tsukijishijō 築地市場
Kachidoki-mon 勝どき門
Shin-Ōhashi-dōri 新大橋通り
Shōwa-dōri 昭和通り
Chūō-dōri 中央通り
Harumi-dōri 晴海通り
Ginza Maronnier-dōri 銀座マロニエ通り
Matsuya-dōri 松屋通り
Mihara-dōri 三原通り
Namiki-dōri 並木通り
Miyuki-dōri 御幸通り
Sony-dōri ソニー通り
Sukiyabashi-dōri 数寄屋橋通り
Hanatsubaki-dōri 花椿通り
Sotobori-dōri 外堀通り
Hibiya-dōri 日比谷通り
Kaigan-dōri 海岸通り
Shuto Expwy No1 首都高速1号線
Kachidoki-bashi 勝鬨橋
Kabuki-za 歌舞伎座
Tsukiji Outer Market 筑地场外市场
Seafood Intermediate Wholesalers' Area 筑地场内市场
Ginza Graphic Gallery 银座图形画廊
Shiseido Gallery 资生堂画廊
Nakagin Capsule Tower 中银胶囊大楼
Hama-rikyū Onshi-teien
Information Center Plat Tsukiji 筑地信息中心
Fish Information Center 鱼类资料中心
Tokyo Cruise Pier
Tokyo Cruise Route 东京游轮路线
Sumida River 隅田川
Tsukiji-gawa 築地川
去New Toyosu Market 新丰洲市场
去Haneda Airport
A B C D E
1 2 3 4

滨离宫恩赐庭园

景点

滨离宫恩赐庭园

庭园

1 见56页地图，B4

这座漂亮的花园是东京最为雅致的庭园之一，它是一座将军府的仅存部分，当年该府邸曾延伸至现在的筑地市场所在地。这座庭园的主要特色是一片开阔的鸭池，湖心岛上有一座颇为迷人的茶屋——**中岛御茶屋**[Nakajima no Ochaya; www.tokyo-park.or.jp/park/format/restaurant028.html; 中央区浜離宮庭園(Hama-rikyū-teien) 1-1; 饮茶 ¥500; 9:00~16:30; ; 大江户线至汐留(Shiodome)，A1出口]。此外这里还有一些经过精心修剪的草木（黑松、梅花、绣球花等），其中不乏已经生长了数百年的佳品。(Hama-rikyu Garden, 浜離宮恩賜庭園; www.tokyo-park.or.jp/park/format/index028.html; 中央区浜離宮庭園1-1; 成人/儿童 ¥300/免费; 9:00~17:00; S 大江户线至汐留，A1出口)

筑地场内市场

市场

2 见56页地图，D4

筑地市场的这个卖场是当地厨师和鱼贩选购各类海鲜的去处，不过10:00允许公众进入时，场内早已没有那么热闹。出发前要登录市场的网站确认是否开市，还可以从网站上了解如何参加5:00前后开始的金枪鱼拍卖，这可是一项经典的东京体验。身处卖场时，要小心手推车、叉车和各种机动车。(Seafood Intermediate

了解当地

筑地市场迁址

1935年取代了最初日本桥市场的筑地市场从很久之前就传闻要迁往新址，即东京湾人造岛屿上的丰洲市场（Toyosu）。这一规划充满争议：市场新址曾有一座瓦斯精炼气厂，而环评报告表明尽管经过大规模清理，污染物依然存在。本书出版时，官方宣布筑地市场将于2018年10月搬迁至处理污染问题完毕的丰洲市场。无论如何，涉及搬迁的只是场内市场（见57页），场外市场（见52页）仍会留在筑地。

Wholesalers' Area，水産仲卸業者売場；☎03-3261-8326；www.tsukiji-market.or.jp；中央区築地 5-2-1；⏲10:00~11:00；S 日比谷线至筑地，1出口）

中银胶囊大楼

建筑

3 见56页地图，B3

中银胶囊大楼是黑川纪章（Kurokawa Kishō）于20世纪70年代初设计的新陈代谢派现代建筑。一些当地居民和支持者在facebook上发起了一项声援活动，以保护这栋极具影响力的大楼免遭拆除。大厦每一个胶囊内都设备齐全，任意一个都可以从基础大楼中整体移除并替换。如今这些胶囊都已经呈现出不同程度的破败，整栋大厦也已被防护网包裹起来，但这种设计的确引人注目。（Nakagin Capsule Tower，中銀カプセルタワー；中央区銀座 8-16-10；S 大江户线至筑地市场，A3出口）

资生堂画廊

画廊

4 见56页地图，B2

在咖啡馆和餐馆聚集的资生堂Parlour大厦地下层，这家化妆品公司运营着一间实验性艺术空间。这里的展品经常更换，尤其是那些与画廊挑高空间十分相称的装置作品。（Shiseido Gallery，資生堂ギャラリー；☎03-3572-3901；www.shiseido.co.jp/e/gallery/html；中央区銀座 8-8-3 地下层；门票免费；⏲周二至周六 11:00~19:00，周日 至18:00；S 银座线至新桥，1或3出口）

银座图形画廊

画廊

5 见56页地图，B2

每个月都会变换的平面造型艺术展以日本艺术家的作品为主，不过偶尔也会展出西方艺术家的作品。展品侧重于广告和海报艺术。每年7月，这里还会举办一年一度的东京艺术总监大会（Tokyo Art Directors Conference）特展。（Ginza Graphic Gallery，ギンザ・グラフィック・ギャラリー；☎03-3571-5206；www.dnp.co.jp/gallery/ggg；中央区銀座 7-7-2；门票免费；⏲周二至周五 11:00~19:00，周六 至18:00；S 银座线至银座，A2出口）

就餐

篝

拉面 ¥

6 见56页地图，C1

不要被店外的英语招牌迷惑了，这里的“soba”其实还是拉面。篝的鸡汤汤底香浓可口、与众不同，因此吸引了一大批狂热的追随者。这家拉面店就在银座的一条小巷上，门前总是有食客排着长长的队伍。本书调研时本店闭店，但将于2018年4月在银座六丁目重开。(Kagari; 銀座 4-4-1; 小份/大份拉面 ¥950 /1050; 11:00~15:30和17:30~22:30; S 银座线至银座; A10或B1出口)

银座久兵卫

寿司 ¥¥¥

7 见56页地图，B2

1936年开业的久兵卫不但料理出众，环境也精致而高档，这为它带来了很多非富即贵的顾客。尽管如此，这里依然对外国人颇为友好，而且并不拘束。亲切的店主今田先生(Imada-san)会讲流利的英语，店内技术一流的厨师中有些英语也相当好，他们会逐个制作寿司并摆到你面前。(Kyūbey, 久兵衛; 03-3571-6523; www.kyubey.jp; 中央区銀座 8-7-6; 午餐/晚餐 ¥4000/10,000起; 周一至周六 11:30~14:00和17:00~22:00; ; S 银座线至新桥，3出口)

Apollo

希腊菜 ¥¥

8 见56页地图，B1

银座璀璨的灯光辉映在这家优质餐馆之上，它的总店设在悉尼，供应美味的新派希腊菜肴。烤章鱼、茴香沙拉、希腊鱼子酱、火烤kefalograviera奶酪配蜂蜜、牛至和柠檬汁等菜肴、饮品都洋溢着浓郁的地中海风味。每道菜的量都很大，可以叫上朋友一起分享。[03-6264-5220; www.theapollo.jp; 中央区銀座 5-2-1 银座东急广场 11层(11th fl, Tōkyū Plaza Ginza); 主菜 ¥1800~5800; 11:30~22:00; S 银座线至银座，C2和C3出口]

Trattoria Tsukiji Paradiso!

意大利菜 ¥¥

9 见56页地图，D4

这里是美食爱好者的天堂，这一点千真万确。这家水蓝色的意式餐馆非常迷人，供应的海鲜意面好吃得会让你想把盘子都舔干净。招牌意式扁面会配上分量十足的贝类海鲜，再加上用番茄、辣椒和大蒜制成的美味酱汁。午餐(¥980

当地生活

银座步行街

每个周末的正午至17:00(4~9月至18:00)，银座的主干道**中央通**(chūō-dōri)都会禁止车辆驶入，变成当地人口中的“步行者天国”。

并木通(Namiki-dōri)是东京最高档的夜生活地带，只限会员进入的酒吧里有身穿和服的优雅女性服侍企业高管和政治家。晚上在这里漫步时，你或许也能一窥这个神秘世界的真容。

起）很实惠，但可能要花费好一会儿等位；晚餐需预订。（☎03-3545-5550；www.tsukiji-paradiso.com；中央区築地 6-27-3；主菜 ¥1500~3600；⏰11:00~14:00和18:00~22:00；Ⓢ日比谷线至筑地，2出口）

银座 圆

日本料理 ¥¥

10 见56页地图，C2

这家餐馆供应的是现代版的怀石料理（kaiseki）。厨师都比较年轻，富有创造力，颇具吸引力的餐厅以一条长长的开放式厨房木柜台为主，能看到厨师们如何工作。性价比很高的午餐主打各种鱼类菜肴。（Maru，銀座 圓；☎03-5537-7420；www.maru-mayfont.jp/ginza；中央区銀座 6-12-15 いちご銀座612大楼 2楼；午餐/晚餐 ¥1100/4800起；⏰周一至周六 11:30~14:00和17:30~21:00；📋；Ⓢ银座线至银座，A3出口）

鮨国

日本料理 ¥¥

11 见56页地图，D3

这家低调的餐馆主打海鲜寿司盖饭，直接采购自市场的食材极为新鲜，海胆（ウニ，uni）入口即化，鲑鱼卵（イクラ，ikura）咸香脆爽，令人垂涎不已。餐馆在晚间也营业。（Sushikuni，鮨國；☎03-3545-8234；中央区築地 4-14-15；海鲜盖饭 ¥3000起；⏰周四至周二 10:00~15:00和17:00~21:00；📋；Ⓢ日比谷线至筑地，1出口）

> **独家贴士**
>
> **美食大扫荡**
>
> 三越百货银座店（见63页）等百货商店的地下美食广场（depachika）汇聚了各种美食可供品尝或购买。新开张的购物中心Ginza Six（见63页）也有一个出色的美食广场。

饮品

Turret Coffee

咖啡馆

12 见56页地图，D2

川崎清（Kawasaki Kiyoshi）将自己的独立咖啡馆开在星巴克隔壁诚为大胆之举。咖啡馆的店名取自筑地市场周边穿梭的三轮送货车，在他店里就停放着一辆。无论是早晨前往场外市场的途中或是逛完市场回来都很适合来这儿喝杯意式浓缩咖啡。（http://ja-jp.facebook.com/turretcoffee；中央区築地 2-12-6；⏰周一至周六 7:00~18:00，周日 正午至18:00；📋；Ⓢ日比谷线至筑地，2出口）

Cafe de l' Ambre

咖啡馆

13 见56页地图，B3

门上的招牌写着“只供应咖啡”，但咖啡的种类甚是繁多。关口一郎（Sekiguchi Ichiro）于1948年开办了这家咖啡馆，如今百岁高龄的他仍亲自打理店铺。烘焙的陈年咖啡豆来自世界各地。店里灯光朦胧，气氛复古。（カフェ·ド·ランブル；☎03-3571-1551；www.cafedelambre.com；中央区銀座 8-10-15；咖啡 ¥650起；

中央通（见59页）路旁的高端品牌商店

周一至周六 正午至22:00，周日 至19:00；；银座线至银座，A4出口）

寿月堂 茶室

14 见56页地图，C2

这家著名茶叶店寿月堂的主要分店距筑地很近，有着一间隈研吾设计的茶室，可供你享用包括抹茶在内的各式日本绿茶和茶点。位于歌舞伎座塔楼内，品茶（¥4000）需要预订，可品尝四种不同的茶，时间从10:00至正午。（Jugetsudo；03-6278-7626；www.jugetsudo.fr；中央区銀座 4-12-15，歌舞伎座塔楼 5层；10:00~17:30；；S 日比谷线至东银座，3出口）

加贺屋 酒馆

15 见56页地图，A3

可以放心大胆地说，东京其他的酒吧老板在施行绝妙的疯狂之举方面都无法跟Mark Kagaya相匹敌，他令人捧腹的夸张噱头给这家不起眼的居酒屋带来了极大的吸引力。此外，他妈妈烹制的家常菜营养丰富，既暖心又暖胃。必须预订。[Kagaya，加賀屋；03-3591-2347；http://kagayayy.sakura.ne.jp；港区（Minato-ku）新橋 2-15-12 花定大楼 地下层（B1 fl, Hanasada Bldg）；周一至周六 19:00至午夜；；JR山手线至新桥，新桥出口]

Bistro Marx

咖啡馆

16 见56页地图，C2

这是法国厨师蒂埃里·马克斯（Thierry Marx）经营的休闲小馆兼酒吧，他的餐厅也在此处。这里有一个室外露台，可以居高临下地欣赏对面的银座地标——和光百货。很适合在下午来这里喝咖啡吃甜点，领略楼下的众生相，当然也可以在夜深时喝一杯，感受酒吧的浪漫。[03-6280-6234; www.thierrymarx.jp; 中央区銀座 5-8-1, 银座广场 7楼（7th fl, Ginza Place）；11:00~23:00，酒吧 至次日2:00；；S 银座线至银座，A2出口]

购物

伊东屋

工艺品

17 见56页地图，C1

这家9层（附楼还有几层）的文具店等待着视觉艺术专家和需要办公用品的顾客光临，既供应日常用品，也有钢笔和意大利真皮记事本之类的奢侈品。你还可以在这里找到和纸（washi；精美的日本手工纸）、手拭巾（tenugui；漂亮的手工染色薄棉巾）和包袱布（furoshiki；風呂敷）。（Itōya, 伊東屋; www.ito-ya.co.jp; 中央区銀座 2-7-15; 周一至周六 10:30~20:00，周日 至19:00；S 银座线至银座，A13出口）

Takumi

工艺品

18 见56页地图，B2

很难找到比Takumi更加精挑细选的传统民间工艺品店，该店出售来自日本各地的玩具、纺织品和陶瓷制品。非常体贴的是，店家还会在包装袋里附上所购商品的制作起源和背景信息。（たくみ; 03-3571-2017; www.ginza-takumi.co.jp; 中央区銀座 8-4-2; 周一至周六 11:00~19:00; S 银座线至新桥，5出口）

Dover Street Market

时装和饰品

19 见56页地图，B2

Dover Street Market（简称DSM）是按照川久保玲（Kawakubo Rei, Comme des Garçons品牌创始人）设想建成的百货商店，共7层，囊括了不少前卫品牌，包括多个日本品牌及Comme des Garçons的各类商品。仅奇特的装置艺术就值得前来一看。（03-6228-5080; ginza.doverstreetmarket.com; 中央区銀座 6-9-5; 11:00~20:00; S 银座线至银座，A2出口）

Akomeya

食品

20 见56页地图，C1

大米是日本料理和日本酒的灵魂，这家装修精致的商店不仅出售多种类型的谷物，还有用其制造的各种产品（比如清酒）、高品质的烹饪食材以及精选的厨房、家庭和浴室用品。[03-6758-0271; www.akomeya.jp; 中央区銀座 2-2-6; 商店 11:00~21:00，餐馆 11:30~22:00; S 有乐町线至银座一丁目（Ginza-itchōme），4出口]

了解当地

引领潮流的银座

19世纪70年代，银座成为东京首个迈向现代化的街区，迎来了西式的砖结构建筑、首批百货商店、煤气灯和其他全球化的“排头兵”——自此以后，银座就一直是东京时尚圈的中心。到了20世纪20年代，摩登女郎（moga）剪短了头发，身着长裤，开始与摩登男士（mobo）挽着胳膊在银座的街道上招摇过市。

如今，东京的其他几个购物区在豪华程度、活力与人气方面都可以与银座媲美，但银座仍然保持着独特的派头：所有国际时尚大牌都在这里设立华丽的精品店。近来，银座也一直在努力提升自己的潮流魅力：2017年春季，继银座索尼公园（Ginza Sony Park）、银座广场、银座东急广场等陆续开业后，银座又迎来了崭新的购物中心Ginza Six。

Ginza Six

购物中心

21 见56页地图，B2

银座规模最大的商业综合体项目，力图保持并提升这一地区独有的奢华魅力。商场内包括了日本国内外顶级的奢侈品牌店、餐馆、绝佳的美食广场、4000平方米的屋顶花园，以及一间能剧演出的专业剧场——观世能乐堂（Kanze Nōgakudō）。公共区域还有数字艺术和当代艺术作品。（ginza6.tokyo；中央区銀座 6-10；⌚10:00~22:00；S 银座线至银座，A2出口）

优衣库旗舰店

时装和饰品

22 见56页地图，B2

东京的旗舰店共12层，有些商品在其他地方的分店是找不到的。（Uniqlo，ユニクロ；www.uniqlo.com；中央区銀座 5-7-7；⌚11:00~21:00；S 银座线至银座，A2出口）

三越百货银座店

百货商店

23 见56页地图，C2

银座多家老牌高档卖场之一，集东京百货商店之大成者。地下层的美食广场不容错过。（Mitsukoshi Ginza；www.mitsukoshi.co.jp；中央区銀座 4-6-16；⌚10:00~20:00；S 银座线至银座，A7和A11出口）

松屋

百货商店

24 见56页地图，C1

银座顶级百货商店之一，店内设计品牌众多。可以留意位于7楼的设计商店，顶级设计师、建筑师和评论家组成的日本设计委员会（Japan Design Committee）挑选出的精品家居用品都在这里。（Matsuya；☎03-3567-1211；www.matsuya.com；銀座 3-6-1；⌚10:00~20:00；S 银座线至银座，12A出口）

顶级景点

两国国技馆的相扑 (Sumo at Ryōgoku Kokugikan)

到达和离开

🚆 乘坐JR总武线（Sōbu Line）至两国（Ryōgoku），从西出口出站；步行2分钟即可到达体育馆。

S 大江户线也在两国设站。

每逢1月、5月和9月，国家级的体育馆两国国技馆（Ryōgoku Kokugikan）都会举办为期15天的相扑巡回赛，在这三个月中前往东京的旅行者一定不要错过观看比赛的机会。无论你是否喜爱体育运动，古老的相扑都能凭借壮观的比赛场面和高度的仪式感将你深深吸引。场边票的票价高达¥14,800，但预约普通坐席票的价格则是¥3800起。在体育馆售票处还可能以¥2200的价格买到非预约当日坐席票。在非比赛期，你可以在各街区的部屋中看到这些大块头们训练的身姿。

相扑的仪式

相扑原是为祈求丰收而举行的祈福仪式的组成部分。尽管后来不断演变，相扑仍有着根深蒂固的日本神道教传统。你会看到"土俵"（dōyo；竞技台）上方悬挂着象征神社的屋顶。比赛开始前，"力士"（rikishi；相扑选手）们会漱口并向场地内撒盐，这两种举动都是净化仪式。

等级晋升

体育馆8:00开放，最开始的比赛在低级别相扑手之间进行。真正的较量（以及下注）在下午举行，入场仪式首先是幕内（makuuchi；高级）选手亮相，接着是横纲（yokozuna；最高级）选手在手持太刀的力士陪同下入场。

达到大关级别（仅次于横纲）是相扑手晋升为横纲的前提，随后必须连续两场赛事获胜，经相扑协会审查并认定其能够体现传统价值观方可。相扑是日本国技，但许多顶级相扑手却是外国人（相当数量的高手来自蒙古）。横纲之间的较量最为精彩，安排在比赛日的压轴赛。体育场内以及附属的相扑博物馆（Sumo Museum）内都悬挂着历代横纲的肖像。

附近的相扑训练场

如果在非比赛时期到访东京，可以在清晨到**荒汐部屋**[Arashio-beya；☎03-3666-7646；www.arashio.net/tour_e.html；中央区日本橋浜町 2-47-2；门票免费；Ⓢ都营新宿线（Toei Shinjuku Line）至滨町（Hamachō），A2出口]观摩相扑训练，相扑手吃、住、训练都是在这里，而像这样的部屋还有另外几处。登录网站可以了解参观信息和礼仪。

两国国技館，Ryōgoku Sumo Stadium

☎03-3623-5111

www.sumo.or.jp

墨田区横纲（Sumida-ku Yokoami）1-3-28

门票¥2200~14,800

☑ 独家贴士

- 在巡回赛的最后几天，6:00前到此排队可以买到当日票。
- 可以租一台无线电耳机（费用¥100，另加¥2000押金）收听英语评论。

✕ 吃喝落脚点

可以顺道去地下层的餐馆尝尝相扑火锅（chan-ko-nabe，ちゃんこ鍋；相扑选手吃的高蛋白质火锅），每份只要¥300。也可以在观看比赛后去相扑火锅餐馆**吉叶**（Kapou Yoshiba，割烹吉葉；☎03-3623-4480；www.kapou-yoshiba.jp/english/index.html；墨田区横纲 2-14-5；菜肴 ¥600~6600；⏲周一至周六 11:30~14:00和17:00~22:00；📋；Ⓢ两国站，1出口）吃上一顿。

探索

六本木和赤坂

六本木一度以夜生活著称，但是在过去的十年里它已经改头换面，时尚的六本木新城（Roppongi Hills）和东京中城（Tokyo Midtown）等综合体相继落成，几座出色的美术馆也已开放。从六本木向东北方向走上一小段就到了赤坂，永田町的日本国会大厦和众多大使馆早就令这一地区散发出精致高雅的气质。

一日游行程

天气暖和的时候，在**Lauderdale**（见75页）的露台上享用早午餐，之后开始对“六本木艺术金三角”的探索。前往六本木多功能高档建筑群之一的东京中城，在**三得利美术馆**（见73页）欣赏装饰艺术品，或者到**21_21 Design Sight**（见72页）领略前卫的设计。然后去距此不远的**东京国立新美术馆**（左图；见72页），建筑本身与当代艺术展览都令人印象深刻。

乘坐千代田线至永田町，随后步行前往**东京花园露台**（见74页），在这个东京最新的开发项目中（这里还有许多咖啡馆）一览公共艺术展品。然后搭乘银座线[从赤坂见附站（Akasaka-Mitsuke上车）]，前往秀美且鲜有人知的**加拿大驻日大使馆石头花园**（见72页）。再坐地铁（大江户线）或出租车快速回到六本木，在**六本木新城**（见68页）的楼顶看夕阳。

晚上先去有趣的居酒屋**Jōmon**（见76页），再到经常举办各种活动的**SuperDeluxe**（见76页）凑凑热闹。在六本木逛酒吧，一不小心就会到天明。如果肚子饿了，可以去当地人喜欢光顾的24小时营业拉面店**五行**（见75页）。或者在**菊乃井**（见74页）的安静气氛中享用精致而令人难忘的怀石料理。

顶级景点

六本木新城（见68页）

东京最佳

就餐

菊乃井（见74页）

五行（见75页）

博物馆和画廊

森美术馆（见69页）

Complex 665（见72页）

建筑和设计

21_21 Design Sight（见72页）

饮品和夜生活

SuperDeluxe（见76页）

娱乐

国立剧场（见77页）

购物

SOUVENIR FROM TOKYO（见77页）

到达和离开

S 地铁 日比谷线和大江户线贯穿六本木。赤坂及周边则可搭乘有乐町线、半藏门线、南北线（Namboku Line）、千代田线、丸之内线和银座线等多条地铁线。

顶级景点

六本木新城（Roppongi Hills）

六本木新城（六本木ヒルズ）占地面积超过11公顷，拥有东京首屈一指的当代艺术博物馆——森美术馆。此外，这里还有一个高空观景台、许多商店、数十家餐厅，以及一座规整的庭园。这是一座定位高端的壮丽新城，人们对其态度分化为两极——它究竟是建筑学的奇观、付诸实践的伟大构思，还是炫富消费的庸俗圣殿呢？探索这座城市迷宫中的大厦和走廊，自己找出答案吧。无论如何，不到这里走一遭，你就无法理解当代的东京。

见70页地图，B5

www.roppongihills.com

港区六本木六丁目（6-chōme Roppongi，Minato-ku）

11:00~23:00

S 日比谷线至六本木（Roppongi），1出口

森大楼和朝日电视台总部大楼（TV Asahi building）之间的步行区

森美术馆（Mori Art Museum）

森美术馆位于森大楼（Mori Tower）的第53层。该馆没有永久展览，而是举办各类大型原创展览，用以推介重要的日本国内外艺术家和艺术流派。这里曾经展出过本土艺术家村上隆的作品。

东京城市观景台（Tokyo City View）

在森美术馆的楼下，距地面250米，夜间的景色尤为壮观（晚上开放至23:00，周五和周六至凌晨1:00）。如果天气允许，你还可以前往屋顶的室外展望台（Sky Deck）。门票¥1800。

公共艺术

临街入口附近的露天广场有路易丝·布尔乔亚（Louise Bourgeois）创作的巨大蜘蛛雕塑——"妈妈"（Maman）。它与其他建筑共同构成的视觉效果非常有趣，拍成照片更是奇妙。在建筑群周边还散落着其他令人赞叹的雕塑。

毛利庭园（Mohri Garden）

这座景观园林依据江户时期的流行式样而建，在闪亮的高楼大厦衬托之下，历史的繁华与今日的辉煌交相辉映，令人赞不绝口。春季时前往可以赏樱花。

☑ 独家贴士

- 持森美术馆的门票票根可在三得利美术馆（见73页）或东京国立新美术馆（见72页）享受门票优惠。
- 与多数博物馆不同，森美术馆每天开放至22:00，周二除外。
- 位于建筑群中央的六本木露天广场经常举办活动，不妨关注一下，夏季活动更多。
- 冬季时，建筑群南端、榉坂（Keyaki-zaka）沿街有漂亮的灯饰，非常好看。

吃喝落脚点

在榉坂的Lauderdale（见75页）吃早午餐，开启美妙的一天。

沿着街走，就可以到时尚的夜店SuperDeluxe（见76页）。

A
B
C
D
1
2
3
4
5
Jingū-gaien
神宫外苑
3 Canadian Embassy Stone Garden
加拿大驻日大使馆石头花园
6
Hitotsugi-dōri
一ツ木通り
TBS Broadcasting Center
TBS广播中心
Akasaka
赤坂
Tokyo Broadcasting Station
TBS总部
8
AKASAKA
赤坂
Gaien-higashi-dōri
外苑東通り
Loop Rd No 3
環状3号線
Nogizaka
乃木坂
21_21 Design Sight
1
Midtown Garden
中城花园
5
Hinokichō-kōen
桧町公园
Aoyama-reien (Aoyama Cemetery)
青山陵园
National Art Center Tokyo
东京国立新美术馆
2
Suntory Museum of Art
三得利美术馆
Aoyama-bochi-dōri (Cherry St)
青山墓地通り
Roppongi
六本木
Roppongi-dōri
六本木通り
Aoyama-kōen
青山公园
11
Roppongi Crossing
六本木十字路口
Seijōki-dōri
星条旗通り
9
ROPPONGI
六本木
15
10
Complex 665
4
Gaien-higashi-dōri
外苑東通り
Shuto Expwy No 3
首都3号高速公路
14
Mohri Garden
毛利庭园
13
Imoarai-zaka
芋洗坂
Torii-zaka
鳥居坂
Roppongi Hills
六本木新城
TV Asahi
朝日电视台总部
Gaien-nishi-dōri
外苑西通り
TV Asahi-dōri
テレビ朝日通り
12
Keyaki-zaka
けやき坂
Azabu-Jūban-dōri
麻布十番通り
16
NISHI-AZABU
西麻布
ROPPONGI 6-CHŌME
六本木六丁目
AZABUDAI
麻布台

E
F
G
H
7
18
Kasumigaseki
霞ヶ関
1
Kokkai-dōri 国会通り
Tameike-sannō
溜池山王
KASUMIGASEKI
霞关
Tamachi-dōri
Shuto Expwy No 3 首都3号高速公路
Sotobori-dōri 外堀通り
Toranomon
虎ノ門
Sotobori-dōri 外堀通り
17
2
Toranomon Hospital
虎之门医院
US Embassy
美国驻日大使馆
Sakurada-dōri 桜田通り
TORANOMON
虎之门
Ark Hills
Atago-dōri
愛宕通り
Hotel Ōkura
大仓饭店
Shin-Tora-dōri
新虎通り
3
Roppongi-itchōme
六本木一丁目
Shuto Expwy No 2
首都2号高速公路
Hibiya-dōri 日比谷通り
Atago-dōri 愛宕通り
Kamiyachō
神谷町
4
详细介绍请见
顶级景点 68页
景点 72页
就餐 74页
饮品 76页
娱乐 77页
购物 77页
Gaien-higashi-dōri
外苑東通り
MINATO-KU
港区
Sakurada-dōri
桜田通り
Tōkyō Tower
东京塔
5
HIGASHI-AZABU
东麻布
Shiba-kōen
芝公园
0 400 m
0 0.2 miles

景点

21_21 Design Sight 博物馆

1 见70页地图，C3

21_21 Design Sight是围绕各种设计艺术进行展览、讨论的空间，它就像当地艺术爱好者的灯塔，无论是对设计者自身，还是对参观者而言皆是如此。由混凝土和玻璃构成的建筑宛如破土而出的尖角，令人印象深刻，其设计者是普利兹克建筑奖获得者、建筑师安藤忠雄。[21_21 デザインサイト；☎03-3475-2121；www.2121designsight.jp；港区赤坂(Akasaka)9-7-6 东京中城的绿地内；门票不定；⏲周三至周一 11:00~20:00；Ⓢ大江户线至六本木，8出口]

东京国立新美术馆 博物馆

2 见70页地图，B3

这座非凡的建筑是黑川纪章设计的，馆内没有永久性收藏，但在这个日本最大的展出空间会举办各种巡展，包括雷诺阿(Renoir)、莫迪利亚尼(Modigliani)等艺术大师的主题展。除了展览，还可以来此欣赏建筑惊人的波浪形玻璃外墙，体验位于巨大倒锥顶上的咖啡馆，或者逛一逛非常不错的礼品店SOUVENIR FROM TOKYO(见77页)。[National Art Center Tokyo，国立新美術館；☎03-5777-8600；www.nact.jp；港区六本木(Roppongi)7-22-1；门票根据展览而定；⏲10:00~18:00，周五至20:00，周二闭馆；Ⓢ千代田线至乃木坂(Nogizaka)，6出口]

> **独家贴士**
>
> **小心驶得万年船**
>
> 东京的扒手并不多，但六本木却是扒窃行为的高发地点。还要注意，有些不靠谱的酒吧在顾客刷信用卡时会多收钱；饮品中下药事件也有发生。对于雇人上街揽客的场所要格外谨慎。

加拿大驻日大使馆石头花园 庭园

3 见70页地图，B1

带上有照片的身份证件，登记后乘扶梯来到加拿大大使馆的入口，对面就是风格简洁而优美的石头雕塑花园。该花园由禅僧枡野俊明(Shunmyō Masuno)设计，用来自广岛地区的天然或切割石块做成加拿大的地貌。赤坂离宫的树木和远处的摩天大厦构成了露台之上的"借景"，这也是日本庭园设计的一大要素。[Canadian Embassy Stone Garden；www.canadainternational.gc.ca/japan-japon/index.aspx?lang=eng；港区赤坂7-3-38；门票免费；⏲花园 周一至周五 10:00~17:30；Ⓢ银座线至青山一丁目(Aoyama-itchōme)，4出口]

Complex 665 画廊

4 见70页地图，C4

这座三层楼高的新建筑位于一条小巷旁，位置隐蔽，于2016年10月落成开放。这里有三个重要的商业画廊：**石井画廊**(Taka

三得利美术馆

Ishii; www.takaishiigallery.com)、**佐谷画廊**(ShugoArts; shugoarts.com)和**小山登美夫画廊**(Tomio Koyama Gallery; www.tomiokoyamagallery.com)。免费展出不拘一格的日本当代艺术品，值得一看。(港区六本木 6-5-24; 周二至周六 11:00~19:00; S 日比谷线至六本木，1出口)

三得利美术馆 博物馆

5 见70页地图，C3

自1961年开馆以来，三得利美术馆一直以"生活中的艺术"为理念开展活动。这里不断轮换的展览主要着眼于实用物品之美：日本陶瓷、漆器、玻璃制品、印染、编织工艺等。现在位于东京中城的场馆由建筑师隈研吾设计，看起来内敛含蓄却又打动人心。(Suntory Museum of Art, サントリー美術館; 03-3479-8600; www.suntory.com/sma; 港区赤坂 9-7-4 东京中城4楼; 门票不定，儿童免费; 周日至周三 10:00~18:00，周五和周六 至20:00; S 大江户线至六本木，8出口)

赤坂离宫迎宾馆 宫殿

6 见70页地图，C1

登录网站可以查询这座御所及庭园的开放时间和门票定价等复杂信息。从外面看，这里好似伦敦的白金汉宫。如能跟随导览游进到宫殿内部，你会经过4个装饰华丽的房间，其中最引人注目的当属花鸟间(花鳥の間)，其室内用日本

独家贴士

眺望东京塔

外部涂着鲜艳橙色（为了符合国际航空安全条例）的**东京塔**（Tokyo Tower）竣工于1958年，至今仍是东京在“二战”后重生的标志，备受游客喜爱。由于周边陆续建成了不少高楼大厦，这座333米高的建筑如今不再像过去那般“一览众山小”，但晚间在六本木的许多区域仍能看到这座灯火通明的高塔。在六本木十字路口（Roppongi Crossing）以东的外苑东通（外苑東通り）欣赏东京塔的视野最佳。

白蜡木板嵌珐琅匾额装饰。此外门厅与主楼梯也令人赞叹。[State Guest House, Akasaka Palace; 迎賓館，赤坂離宮; ☎03-3478-1111; www8.cao.go.jp/geihinkan/index-e.html; 港区元赤坂（Moto-Akasaka）2-1-1; 前花园免费，宫殿和主花园 成人/学生¥1000/500; ⏰开放日 10:00~17:00; 🚉JR各线至四谷（Yotsuya）]

东京花园露台 地标

7 见70页地图，E1

这个新近开发的综合项目于2016年开放，值得一游，主要看点在于周边宜人的庭园与公共艺术展品，包括名和晃平（Nawa Kōhei）创作的《白鹿》和大卷伸嗣（Ōmaki Shinji）的巨大金属花。从前矗立在此地的赤坂王子大酒店（Akasaka Grand Prince Hotel）如今只剩下被修复的北白川宫（Kitashirakawa Palace）。这座苏格兰式宅邸原是在1930年为朝鲜太子李垠（Yi Un）而建，如今已成了餐厅兼酒吧。[Tokyo Garden Terrace; www.tgt-kioicho.jp/cn; 千代田区纪尾井町（Kioi-chō）1-2; Ⓢ南北线（Namboku Line）至永田町（Nagatachō），9A出口]

就餐

菊乃井 怀石料理 ¥¥¥

8 见70页地图，D2

这家米其林星级餐厅是京都一家经营了三代的怀石料理店设在东京的分店，所供应的精致应季菜肴既美观又可口。主厨村田曾撰写过一本关于怀石料理的书，如果你不会说日语的话，员工会拿着该书的英语译本向你解释端上桌的菜肴。必须预订。（Kikunoi; ☎03-3568-6055; http://kikunoi.jp; 港区赤坂 6-13-8; 午餐/晚餐套餐 ¥5940/17,820起; ⏰周二至周六 正午至13:00，周一至周六 17:00~20:00; Ⓢ千代田线至赤坂，7出口）

宗胡 素食 ¥

9 见70页地图，C4

可以坐在开放式厨房旁的长柜台边，也可以坐卡座，观看技艺精湛的厨师们如何准备好吃又好看的精进料理（shōjin-ryōri; 寺庙里的斋饭）。如果你想要遵循严格素食标准的餐食，要至少提前一天预约。餐馆就在APA Hotel对面的建筑里。(Sougo; ☎03-5414-1133; www.sougo.tokyo; 港区六本木6-1-8, Roppongi Green Bldg 3楼; 主菜¥600~2000, 午餐/晚餐套餐¥1500/5000起; ; ; S日比谷线至六本木, 3出口)

五行

拉面 ¥

10 见70页地图, A4

留意五行的开放式厨房：放心，你的晚饭没着火，那只是厨师在制作焦味(kogashi, 焦がし)拉面，它也是这家灯光朦胧的时尚居酒屋的招牌菜。烧过的猪油使浓汤呈黑色，也令味道更加浓郁。菜单上还有许多其他菜肴，酒水选择也很多。[Gogyō; ☎03-5775-5566; www.ramendining-gogyo.com; 港区西麻布(Nishi-Azabu)1-4-36; 拉面¥1290起; 11:30~16:00和17:00至次日3:00, 周日至午夜; S日比谷线至六本木, 2出口]

Honmura-An

荞麦面 ¥

11 见70页地图, C4

这家传奇的荞麦面馆曾在纽约曼哈顿营业，如今则在六本木的一条小巷中开张。面馆装饰现代而质朴，盛放面条的竹垫、配菜天妇罗和美味鸭肉(かも)片使手工荞麦面的口感更显精妙。(本むら庵; ☎03-5772-6657; www.honmuraantokyo.com; 港区六本木7-14-18; 荞麦面¥900起, 午餐/晚餐套餐¥1600/7400; 周二至周日正午至14:30和17:30~22:00, 每月第一个和第三个周二不营业; ; ; S日比谷线至六本木, 4出口)

Lauderdale

各国风味 ¥

12 见70页地图, B5

这家紧跟潮流的餐馆挨着时尚的榉坂，露台宽敞，全天营业，过来享用早餐和晚餐都很合适。周末早午餐人气极高，蛋类菜肴更受青睐。(☎03-3405-5533; www.lauderdale.co.jp; 港区六本木6-15-1; 主菜¥1400起; 周一至周五7:00至午夜, 周六和周日8:00开始营业; ; ; S日比谷线至六本木, 1出口)

当地生活

西麻布

西麻布(Nishi-Azabu)与浮华嘈杂的六本木在同一条路上，但却像是截然不同的两个世界。西麻布是东京的富人和名流们流连的高档场所，许多酒吧都是会员专享，但好在**These**(テーゼ; 见52页地图, A4; ☎03-5466-7331; www.these-jp.com; 港区西麻布2-15-12; 入场费¥500; 19:00至次日4:00, 周日至次日2:00; S日比谷线至六本木, 3出口)仍对公众开放，店名的发音为“tay-zay”。这家常被称为“图书馆”的酒吧有许多隐秘的角落，摆着舒适的沙发，当然还有各类图书。留意外面的火炬标志；建议预订。

赤坂离宫迎宾馆（见73页）

Jōmon

居酒屋 ¥¥

13 见70页地图，C4

这间颇为惬意的居酒屋内设置了吧台座位，墙上摆放着几排装饰华丽的烧酒，还有多种刚刚烤好的串烧呈现在顾客面前——不要错过绝妙的zabuton牛肉串。餐馆对着一家全家便利店（Family Mart），留意门上的日文店名。（ジョウモン；☎03-3405-2585；http://teyandei.com/?page_id=18；港区六本木 5-9-17；串烧¥300~1000；⏲18:00至次日5:00；🖉 📋；Ⓢ日比谷线至六本木，3出口）

饮品

SuperDeluxe

夜店

14 见70页地图，B4

这个时髦的地下表演场地也兼做鸡尾酒休闲酒吧和举办各种活动的夜店，从电子音乐到文学之夜和PechaKucha 20×20（20张幻灯片，每张20秒，即每位演讲者只有6分40秒的发挥时间）模式的创意展示，无所不包。可以登录网站，了解活动的相关细节。它在一栋棕色砖砌建筑内，旁边有一家修鞋店。（スーパー・デラックス；☎03-5412-0515；www.super-deluxe.com；港区西麻布 3-1-25 地下层；门票不定；📋；Ⓢ日比谷线至六本木，1B出口）

Brewdog

精酿啤酒

15 见70页地图，C4

苏格兰精酿啤酒品牌在东京的前哨，紧邻繁华的主干道。除自家出产的啤酒外，这里也提供其他许多种类，其中不乏日本品牌。多数啤酒都供应小、中、大（一品脱）杯。畅饮之余，还可以品尝可口的食物、用电脑上网、玩桌游等，夜晚的美好时光因而更加圆满。(☎03-6447-4160; www.brewdog.com/bars/worldwide/roppongi; 港区六本木 5-3-2; ⏰周一至周五 17:00至午夜，周六和周日 15:00至午夜; 📶 📋; Ⓢ日比谷线至六本木，3出口)

The Garden

咖啡馆

16 见70页地图，C5

从这家宁静的茶室可以眺望对面隐藏在国际文化会馆（International House of Japan）后面、建于16世纪晚期的美丽庭园。糕点和蛋糕种类丰富，想要待久一点的话，这里也供应丰盛的餐食。[☎03-3470-4611; www.i-house.or.jp/eng/facilities/tealounge; 港区六本木 5-11-16 国际文化会馆; ⏰7:00~22:00; 📶 📋; Ⓢ大江户线至麻布十番（Azabu-Jūban），7出口]

日本酒造会馆

清酒

17 见70页地图，H2

没人在乎这里到底是不是酒吧，总之能在这儿喝到用30ml酒盅装的当地清酒（约36种）和烧酒（16种），每杯售价仅¥100。三杯品酒套餐共有四种，价格¥200~500。这里既是展示场，也是品酒室，特别适宜了解日本的国饮。[Sake Plaza，日本酒造会館; www.japansake.or.jp; 港区西新桥（Nishi-Shinbashi）1-6-15; ⏰周一至周五 10:00~18:00; Ⓢ银座线至虎之门（Toranomon），9出口]

娱乐

国立剧场

剧院

18 见70页地图，F1

这里是在日本首都欣赏传统表演艺术的顶级场所，里面有两座分别设有1600个座位和590个座位的剧场。演出包括歌舞伎、雅乐（gagaku，宫廷乐）和文乐木偶戏（bunraku）。可以租用能收听英语翻译的耳机（¥650，另加¥1000押金）。可登录网站查询演出日程。[National Theatre，国立劇場; ☎03-3265-7411; www.ntj.jac.go.jp/english; 千代田区隼町（Hayabusa-chō）4-1; 票价¥1500起; Ⓢ半藏门线至半藏门，1出口]

购物

SOUVENIR FROM TOKYO

礼品和纪念品

这家店位于东京国立新美术馆（见2◎；70页地图，B3）的地下层，出售本土设计小物件，都是精美又别致的纪念品：比如Tempo的动态作品、靛蓝扎染的手提袋或有趣的歌舞伎面膜。(☎03-6812-9933; www.souvenirfromtokyo.jp; 港区六本木 7-22-2 东京国立新美术馆 地下层; ⏰周六至周一、周三和周四 10:00~18:00，周五 至 20:00; Ⓢ千代田线至乃木坂，6出口)

探索

惠比寿和目黑

惠比寿得名自曾在当地酿造的惠比寿（Yebisu）啤酒，目黑则代表着更具人情味的东京。这里有摄影美术馆等几座规模不大但意义不小的博物馆，还有出色的餐厅和酒吧。附近的住宅区代官山（Daikanyama）和中目黑（Naka-Meguro）则因时尚的精品店和咖啡馆而光彩熠熠。

一日游行程

从惠比寿开始一天的行程，早晨去**惠比寿花园广场**（见87页；从JR惠比寿站东口出来沿人行天桥前往）。在**东京都摄影美术馆**（见83页）欣赏摄影展，去**惠比寿啤酒纪念馆**（见83页）了解日本的啤酒发展史。之后到**阿夫利**（见84页）和当地白领们一起排队吃碗拉面。

午餐后参观主展传统日本画的**山种美术馆**（见84页）。如果需要提神饮料，可以顺道去**猿田彦咖啡**（见87页）或冰激凌店**樱花**（见84页）。然后乘坐JR山手线，向南一站到目黑，参观**东京都庭园美术馆**（见84页）——这间精致的美术馆位于一栋漂亮的装饰艺术风格豪宅之中。

沿目黑通走上一小段到**Tonki**（见84页），享用这里无与伦比的炸猪排。随后再坐列车回惠比寿，从**Buri**（见86页）开始感受这一带热闹的酒吧氛围。

想体验当地人的一天，见80页。

当地生活

探索代官山和中目黑（见80页）

东京最佳

就餐

Tonki（见84页）

惠比寿横丁（见85页）

画廊和博物馆

东京都摄影美术馆（见83页）

饮品和夜生活

Buri（见86页）

中目乒乓球酒吧（见81页）

娱乐

Unit（见87页）

购物

Kapital（见87页）

代官山T-Site（见81页）

到达和离开

火车 JR山手线在惠比寿和目黑设站。东急东横线（Tōkyū Tōyoko Line）从涩谷发往代官山和中目黑，副都心线（Fukutoshin Line）的部分车次可不换乘接驳东横线。

S 地铁 日比谷线经过惠比寿和中目黑。南北线和三田线则在目黑设站。

当地生活
探索代官山和中目黑

代官山与涩谷仅一站之隔，但二者却有着天壤之别。代官山是高档住宅区，路旁有一些咖啡馆和时尚精品店，宁静而悠闲。邻近的中目黑则是代官山叛逆的小妹妹，聚集着一些二手商店以及隐秘的高级酒吧。在目黑中部有运河目黑川流过，一条林荫遮蔽的步行道沿河岸延伸。

❶ 旧朝仓家住宅

旧朝仓家住宅[Kyū Asakura House，旧朝倉家住宅；☎03-3476-1021；涩谷区猿楽町(Sarugaku-chō)29-20；成人/儿童¥100/50；⏲3月至10月 10:00~18:00，11月至次年2月 至16:00；🚇东急东横线至代官山]是难得一见的20世纪初期别墅建筑（位置隐秘，许多当地人都不知道这座住宅），有榻榻米房间，还有一处装饰着石灯笼的庭园可供探索。

❷ Okura

在时尚的代官山，**Okura**(オクラ；www.hrm.co.jp/okura；涉谷区猿楽町 20-11；⏲周一至周五 11:30~20:00，周六和周日 11:00~20:30；🚆东急东横线至代官山)也许显得有些格格不入(这家店看起来有点像老式民宅)，但实际上却是这里的地标。店铺主营当代潮流经典衣物，如牛仔裤、T恤，另外还有传统靛蓝扎染的工作衬衫。

❸ 代官山T-SITE/茑屋书店

当地人很喜爱这个以茑屋书店(Tsutaya Books)为核心的**代官山T-Site**(Daikanyama T-Site；http://tsite.jp/daikanyama/；涉谷区猿楽町 17-5；⏲7:00至次日2:00；🚆东急东横线至代官山)。这间风格时尚的印刷文字圣殿里藏有大量的旅行、艺术、设计和美食书籍，真的很棒(也有英文书籍)。最妙的是，如果你能找到位子的话，可以坐在里面的星巴克里读上整整一下午。

❹ 目黑川

目黑川[Meguro-gawa，目黒川；Ⓢ日比谷线至中目黑(Naka-Meguro)]与其说是河流，倒不如说是运河。河畔植满了樱花树，还有一条步行道随之延伸，为中目黑地区带来了几分原本不太可能存在的乡野氛围。你会在河的两岸看到多家精品店，这里也有几处餐饮场所。

❺ Container

Container[http://the-container.com；目黑区上目黑(Kami-Meguro)1-8-30；⏲周三至周一 11:00~21:00，周六和周日 至20:00；Ⓢ日比谷线至中目黑]堪称东京最袖珍的画廊，它确如其名，就是一个集装箱外加一个美发沙龙，把东京的特点体现到了极致。

❻ Vase

作为中目黑布置到无可挑剔的袖珍精品店中的典范，**Vase**(http://vasenakameguro.com；目黑区上目黒 1-7-7；⏲正午至20:00；Ⓢ日比谷线至中目黑)有大量前卫设计师的作品和二手服饰(男士和女士皆有)。商店位于距目黑川旁一栋不大的白色建筑中(店名在屋外信箱上)。

❼ 大樽

大樽(Ōtaru，おおたる；☎03-3710-7439；目黑区中目黒 1-5-15；菜肴 ¥330~600；⏲11:30至次日2:00)并不是米其林星级餐馆，但我们给这里的用餐氛围打三星。在再开发程度日益深化的中目黑，这家位于装饰有灯笼的古旧木质建筑中的居酒屋显得格外引人注目。合理的价格、临河的位置，加上正午之前便开始营业，令这里深受当地人和旅行者的喜爱。

❽ 中目乒乓球酒吧

这一天行程的最后，可以到目黑最知名的“秘密”酒吧——**中目乒乓球酒吧**(Nakame Takkyū Lounge，中目卓球ラウンジ；目黑区上目黒 1-3-13 Lion House 2楼；入场费 22:00以前/后 ¥500/800；⏲周一至周六 18:00至次日2:00；Ⓢ日比谷线至中目黑)打上一局乒乓球。酒吧位于一栋公寓建筑内，按门铃入内。

A
B
C
D
1
2
3
4
5
DAIKANYAMA 代官山
SARUGAKU-CHŌ 猿乐町
Hachiman-dōri 八幡通り
Meiji-dōri 明治通り
Shibuya-gawa 涩谷川
Komazawa-dōri 駒沢通り
3 Yamatane Museum of Art 山种美术馆
10
HIRO-O 广尾
Ebisu Prime Square Plaza
SHIBUYA-KU 涩谷区
Daikanyama Address 代官山Address
Kyū-Yamate-dōri 旧山手通り
12
Ebisu-yokochō 惠比寿横丁
6
7
Daikanyama 代官山
EBISU-NISHI 惠比寿西
Ebisu 惠比寿
11
14
EBISU 惠比寿
15
Komazawa-dōri 駒沢通り
9
13
8
EBISU-MINAMI 惠比寿南
16
Naka-Meguro 中目黑
NAKA-MEGURO 中目黑
Beer Museum Yebisu 惠比寿啤酒纪念馆
Sky Walk 人行天桥
2
Yebisu Garden Place 惠比寿花园广场
Kusunoki-dōri くすのき通り
Platanus-dōri プラタナス通り
1
TOP Museum 东京都摄影美术馆
Chaya-zaka (slope) 茶屋坂
MITA 三田
Shuto Expwy No 2 首都2号高速公路
Shizen Kyōiku-en 自然教育园
Yamate-dōri 山手通り
MEGURO-KU 目黑区
Meguro-gawa 目黑川
4
Tokyo Metropolitan Teien Art Museum 东京都庭园美术馆
MEGURO 目黑
详细介绍请见
景点 83页
就餐 84页
饮品 86页
娱乐 87页
购物 87页
Meguro 目黑
5
Meguro 目黑
SHINAGAWA-KU 品川区
0 400 m
0 0.2 miles
SHIMO-MEGURO 下目黑
KAMI-ŌSAKI 上大崎

JOINTSTAR / SHUTTERSTOCK ©

惠比寿啤酒纪念馆

景点

东京都摄影美术馆

博物馆

1 见82页地图，C3

这间东京主要的摄影美术馆历经两年的彻底整修后，已于2016年重新开放。除了本身所拥有的大量藏品，该馆也承办一些巡回展览。秋季时还会策划日本新锐摄影师的作品展。这里通常是几个展览同时进行，票价取决于参观的展览数量。（TOP museum, Tokyo Photographic Arts Museum, 東京都写真美術館；☎03-3280-0099；http://topmuseum.jp；目黑区三田 1-13-3；门票 ¥500~1000；⌚周二、周三、周六和周日 10:00~18:00，周四和周五 至 20:00；🚉JR山手线至惠比寿，东出口）

惠比寿啤酒纪念馆

博物馆

2 见82页地图，C3

这家小型博物馆就设在原来的惠比寿啤酒工厂里，该厂在此一直运营到1988年。馆内的照片、经典啤酒瓶及海报记录着惠比寿品牌及啤酒在日本的崛起和发展。在“品酒沙龙”，你还可以品尝4种惠比寿啤酒（每种¥400）。纪念馆位于惠比寿花园广场内，在三越百货的后面。[Beer Museum Yebisu, エビスビール記念館；☎03-5423-7255；www.sapporoholdings.jp/english/guide/yebisu；涩谷区惠比寿（Ebisu）4-20-1；门票免费；⌚周二至周日 11:00~19:00；🚉JR山手线至惠比寿，东出口]

山种美术馆

博物馆

3 见82页地图，C1

明治维新（1868年）后，西方思想传入日本，很多艺术家开始钻研油画的技巧。还有一些人把新的表现元素融入了日本画，通常是用矿物质颜料在绢或纸上绘制——该馆展出的便是其中的名家作品。这座美术馆藏有1800幅画作，但每次的专题展只会展出一小部分。[Yamatane Museum of Art，山種美術館；☎03-5777-8600；www.yamatane-museum.or.jp；涉谷区廣尾（Hiroo）3-12-36；成人/学生/儿童¥1000/800/免费，特展额外收费；⏲周二至周日 10:00~17:00；🚉JR山手线至惠比寿，西出口]

东京都庭园美术馆

博物馆

4 见82页地图，D4

尽管庭园美术馆经常主办艺术展览（通常为装饰艺术展），但是其主要看点还在于建筑本身：这栋装饰艺术风格的建筑曾经是一座皇族宫邸，建造于1933年，设计者是法国建筑师亨利·拉潘（Henri Rapin）。在漫长的整修工程完成后（2014年），这里增加了一个由艺术家杉本博司（Sugimoto Hiroshi）设计的现代派附属建筑。[Tokyo Metropolitan Teien Art Museum，東京都庭園美術館；www.teien-art-museum.ne.jp；港区白金台（Shirokanedai）5-21-9；成人/儿童 ¥1100/800；⏲10:00~18:00，每月第二和第四个周三闭馆；🚉JR山手线至目黑，东出口]

就餐

Tonki

炸猪排 ¥

5 见82页地图，C5

Tonki堪称东京炸猪排（とんかつ，tonkatsu）餐馆中的传奇，食谱传承近80年未曾改变。餐厅经常需要排队等位，柜台边的座位能观看手法熟练的厨师们操作，最为抢手。楼上也有餐桌。（とんき；目黑区下目黑 1-2-1；餐 ¥1900；⏲周三至周一 16:00~22:45，每月第三个周一歇业；🚭📋；🚉JR山手线至目黑，西出口）

阿夫利

拉面 ¥

6 见82页地图，C2

和你所熟悉的寻常拉面屋不同，这家餐馆的厨师既年轻又活泼，工业化的内饰风格也十分新潮。标新立异的菜单可能会让保守人士大跌眼镜，但是店家的特色拉面，比如柚子盐汤面（yuzu-shio，用柚子调味的咸鲜清汤），还是会让前来吃午餐的人们排起长队。在自动点菜机上点餐。（Afuri，あふり；涉谷区惠比寿 1-1-7；面条¥750起；⏲11:00至次日5:00；🚭📋；🚉JR山手线至惠比寿，东出口）

樱花

冰激凌 ¥

7 见82页地图，C2

绿茶可不是日本贡献的唯一一种冰激凌口味，这家店里还有其他美味的（应季）创新口味，包括黑芝麻（黒ごま，kuro-goma）、黑糖烤黄豆粉（kinako kurosato）和紫薯（紅芋，beni imo）。

(Ouca，樱花；www.ice-ouca.com；涉谷区惠比寿1-6-6；冰激凌¥400起；⏲3月至10月11:00~23:30，11月至次年2月 正午至23:00；🚉JR山手线至惠比寿，东出口)

烧肉冠军

烤肉 ¥¥

8 见82页地图，B2

准备好品尝在日本极受追捧的韩式烤肉了吗？这里菜式众多，从牛杂到特级精选的和牛应有尽有；菜单上甚至还有牛肉分切部位图。牛小排(kalbi；¥980)等热卖菜肴都是不会出错的选择。这里人气极旺，最好预订。(Yakiniku Champion，焼肉チャンピオン；☎03-5768-6922；www.yakiniku-champion.com；涉谷区惠比寿1-2-8；菜肴¥780~3300，套餐¥5250起；⏲周一至周五 17:00至次日0:30，周六 至次日1:00，周日 16:30至午夜；📄；🚉JR山手线至惠比寿，西出口)

一步

居酒屋 ¥

9 见82页地图，C2

这家气氛悠闲的小居酒屋专门经营简单的美食：鱼和清酒(门外的英文标牌上也是这么写的)。友善的厨师能说一些英语，可以帮你决定什么食材用什么方法烹制(实在难以决定的话，可以选择售价¥2500的高性价比套餐)。沿着木头楼梯走上去即是入口。(Ippo，一步；☎03-3445-8418；涉谷区惠比寿1-22-10 2楼；菜肴¥500~1500；⏲18:00至次日3:00；📄；🚉JR山手线至惠比寿，东出口)

Megutama

食堂 ¥

10 见82页地图，C1

食堂内墙边的书架上摆满了相册，因此这里自称为"写真集食堂"。食客们可以免费翻阅相册，记得使用彩色卡片作为代书卡。这里的食物也相当好：三位身着围裙、头戴方巾的女士厨艺精湛，制作经典家常菜肴。食堂位于一栋现代的木质建筑中，有红色遮阳蓬。[めぐたま；http://megutama.com；涉谷区東(Higashi)3-2-7；午餐/晚餐¥1000/1500起；⏲周一至周五11:30~14:00和17:00~23:00，周六和周日 正午至22:00；📄；🚉JR山手线至惠比寿，东出口]

当地生活

惠比寿的美食街

惠比寿横丁(Ebisu-yokochō；见64页地图，C2；www.ebisu-yokocho.com；涉谷区惠比寿1-7-4；菜肴¥500~1500；⏲17:00至深夜；🚉JR山手线至惠比寿，东出口)深受当地人喜爱，这条复古的商店街里面挤满了各式各样的食品摊位，从简单的炒荞麦面(yaki soba)到丰盛的烤扇贝(ホタテ焼き，hotate-yaki)，出售的美食无所不包。这里既喧闹又活跃(还有些呛人)，尤其是在周五的晚上，早点儿去才能有位子。留意五颜六色的入口标志。

饮品

Buri

酒吧

11 见82页地图，B2

店名Buri在广岛方言里的意思是“超级”，这里是惠比寿最受欢迎的立式酒吧（立ち飲み屋，tachinomi-ya，站着喝酒的酒吧）之一。几乎每个晚上都有一群客人聚在马蹄形的吧台周围，非常热闹。清酒的数量很多（40余种；¥770），半冰冻后放在彩色的酒盅里端来，就像是冰沙。（ぶり；03-3496-7744；涉谷区惠比寿西1-14-1；17:00至次日3:00；；JR山手线至惠比寿，西出口）

Bar Trench

鸡尾酒吧

12 见82页地图，B2

东京新派鸡尾酒界的先驱，因所在的小巷与沟渠相似而得名。酒吧很小，透着一股老派的波希米亚风。自制鸡尾酒的花样不多，但都令人满意。亮点包括Shady Samurai（绿茶、杜松子酒、接骨木酒、蛋清和柠檬调制而成；¥1620）。（バートレンチ；03-3780-5291；http://small-axe.net/bar-trench；涉谷区惠比寿西 1-5-8；入场费¥500；周一至周六 19:00至次日2:00，周日18:00至次日1:00；；JR山手线至惠比寿，西出口）

东京都庭园美术馆（见84页）

Bar Martha

酒吧

13 见82页地图，C2

关于这家灯光幽暗、情调十足的酒吧，还真不好说令人印象深刻的究竟是威士忌酒单还是收集的唱片。后者会放在射灯下的唱机里播放，复古的天朗（Tannoy）音箱高达1米。鸡尾酒都很棒，鲜姜莫斯科骡子（生生姜モスコミュール，nama shōga mosuko myūru）尤为出色。饮品¥800起。（バー・マーサ；www.martha-records.com；渋谷区恵比寿 1-22-23；入场费 含吧台小吃 ¥800；19:00至次日5:00；JR山手线至惠比寿，东出口）

猿田彦咖啡

咖啡馆

14 见82页地图，C2

尽管店里只有几个座位，这里仍凭借气味芳香的精选咖啡豆成为惠比寿最受推崇的咖啡馆。手萃咖啡和意式浓缩咖啡（¥400起）都有供应。（Sarutahiko Coffee，猿田彦珈琲；http://sarutahiko.co；渋谷区恵比寿 1-6-6；周一至周五 8:00至次日0:30，周六和周日 10:00至次日0:30；；JR山手线至惠比寿，东出口）

娱乐

Unit

现场音乐

15 见82页地图，A2

这家位于地下的俱乐部经常在周末举办两类演出：晚上是现场音乐表演，几个小时后则会变成由DJ主持的活动。从日本独立乐队，到拥有小众粉丝的老手，再到来日本首演的海外艺人，演出阵容颇为多样。因为吊顶很高，所以空气也不会太像东京其他音乐场所那么呛人。（ユニット；03-5459-8630；www.unit-tokyo.com；渋谷区恵比寿西 1-34-17；入场费 ¥2500~5000；东急东横线至代官山）

购物

Kapital

时装和饰品

16 见82页地图，B3

日本热门品牌Kapital叫人难以形容，有些像美国西部风与历史悠久的日式boro（一种拼布工艺）的解构混搭。每件服饰几乎都是唯一的，多数是中性风格。商店本身像是个艺术装置。店员友好，会告诉你怎样去附近的另两家店铺。（キャピタル；03-5725-3923；http://kapital.jp；渋谷区恵比寿 2-20-2；11:00~20:00；JR山手线至惠比寿，西出口）

当地生活

惠比寿花园广场

惠比寿因惠比寿啤酒厂（1889年）而得名，建在啤酒厂原址上的**惠比寿花园广场**（Yebisu Garden Place，恵比寿ガーデンプレイス；www.gardenplace.jp；渋谷区恵比寿 4-20；JR山手线至惠比寿，东出口）是一处购物与文化中心。其广场经常举办各色活动，周日还有农夫市集。

探索

涩谷

汹涌的人潮、闪烁的广告屏、触手可及的繁华，涩谷总是会给你带来强烈的视觉冲击。这里是东京年轻人的文化中心，人们衣着张扬，街头文化活跃，夜店狂欢整夜不辍。对东京的流行文化感兴趣的话，涩谷非去不可。

一日游行程

来涩谷不用起早，毕竟，这里的派对要一直持续到清晨第一班火车开始运营的时刻，所以不妨过来吃午饭。与涩谷站相连的涩谷Hikarie大厦明亮又轻盈，拥有有趣的设计博物馆**d47博物馆**（见92页）和出色的餐馆**d47食堂**（见93页），居高还可以俯瞰整个街区。在涩谷车站内可以找找**《明日的神话》**壁画（见92页）。

之后扎进川流不息的人潮中，车站广场前面就是标志性的**涩谷十字路口**（左图；见92页）。一定要去瞻仰忠犬**八公像**（见92页），再随着人群逛逛**涩谷中央街**（见92页），这一主干道两旁商店林立，有大把的购物选择。留意时间，迷醉在**东急手创店**（见96页），半天不知不觉就过去了。

晚饭可以享用**松木家**（见93页）的顶级寿喜烧，或是**开花屋**（见94页）的新鲜海鲜。随后去**Good Beer Faucets**（见94页）品尝东京的精酿啤酒，挤进**Tight**（见95页）找个座位慢慢喝，或者在**Rhythm Café**（见95页）和当地人打打交道。还有力气？那就去夜店，**Womb**（见95页）或**Contact**（见96页）都可圈可点。

东京最佳

建筑和设计
d47博物馆（见92页）

流行文化
涩谷十字路口（见92页）

大头贴圣地（见95页）

饮品和夜生活
Good Beer Faucets（见94页）

Womb（见95页）

娱乐
WWW（见96页）

购物
东急手创店（见96页）

Fake Tokyo（见96页）

到达和离开

火车 JR山手线在涩谷站（Shibuya）停靠。

S 地铁 银座线、半藏门线和副都心线均在涩谷设站。

A
B
C
D
1
2
3
4
5
KAMIYAMA-CHŌ
神山町
Kamiyama Shōtengai 神山商店街
Inokashira-dōri 井の頭通り
NHK Broadcast Center & Studio Park
NHK电视台和放送主题公园
JINNAN
神南
Kōen-dōri 公園通り
UDAGAWA-CHŌ
宇田川町
14
18
17
Spain-zaka 6
西班牙坂
20
19
SHŌTŌ
松涛
Shibuya Center-gai
渋谷センター街
2 Shibuya Center-gai
涩谷中央街
12
Bunkamura-dōri 文化村通り
10
Shibuya Crossin
涩谷十字路口
DŌGENZAKA
道玄坂
Keiō Shibuya
京王涩谷
16
Hachikō Statue
八公像
Shibuya Mark City
涩谷Mark City
13
MARUYAMA-CHŌ
圆山町
8
11
Dōgenzaka 道玄坂
Tamagawa-dōri
多摩川通り
Shuto Expwy No 3
首都3号高速公路
Cerulean Tower Tōkyū Hotel
东急蓝塔大饭店

E
F
G
H
0 200 m
0 0.1 miles
1
2
3
4
5
Meiji-dōri 明治通り
KITA-AOYAMA 北青山
United Nations University 联合国大学
Miyashita-kōen 宮下公园
Mitake-kōen 美竹公园
SHIBUYA-KU 涩谷区
Nonbei-yokochō Nonbei 横丁
15
Miyamasu-zaka 宮益坂
Shibuya 涩谷
Aoyama-dōri 青山通り
4 d47 Museum d47博物馆
7
Shibuya 涩谷
Myth of Tomorrow 3 《明日的神话》壁画
West Exit Bus Terminal 西口バスターミナル/西口巴士总站
Tōkyū Shibuya 東急涉谷
Meiji-dōri 明治通り
9
Shibuya-gawa 涩谷川
详细介绍请见
景点 92页
就餐 93页
饮品 94页
娱乐 96页
购物 96页

景点

涩谷十字路口

街道

1 见90页地图，D4

涩谷十字路口就像颗巨大的心脏，红绿灯交替闪烁的脉动源源不断地将人群输送到各个方向。有传言称这里是全世界最繁忙的路口，也许再没有别处更能令你体会到"欢迎来东京"了。在高峰时期，一次红绿灯交替就会有几百、甚至上千人通过。人们从四面八方涌来，在此擦肩而过又各奔前程。[Shibuya Crossing, 渋谷スクランブル交差点; Shibuya Scramble; JR山手线至涩谷, 八公出口 (Hachikō exit, ハチ公口)]

涩谷中央街

街区

2 见90页地图，D3

这条涩谷的主干道禁止车辆通行，路旁挤满了快餐店和时尚商店。晚上，这里的灯光亮得如同白昼，十几种背景音乐此起彼伏（不知是从哪儿传来的），商品会被摆到街边，再加上言过其实的卖家和大摇大摆的小青年，使这里宛如街头派对——或者说是典型亚洲夜市的东京版本。(Shibuya Center-gai, 渋谷センター街; Shibuya Sentā-gai; JR山手线至涩谷, 八公出口)

《明日的神话》壁画

公共艺术

3 见90页地图，E4

《明日的神话》（1967年）是冈本太郎（Okamoto Tarō）受墨西哥一家奢华酒店所托而创作的壁画，但是两年后这幅作品却神秘失踪了，直到2003年它才被人们发现。2008年，这幅极具冲击力的作品被安置在了涩谷站内，壁画长30米，描绘的是原子弹在广岛爆炸的情景。壁画位于2楼，就在去往井之头线（Inokashira Line）的途中。(Myth of Tomorrow, 明日の神話; Asu no Shinwa; JR山手线至涩谷, 八公出口)

d47博物馆

博物馆

4 见90页地图，F4

追求生活品味的品牌D & Department在日本各地搜寻日常之物中的完美典范：尽善尽美的扫帚、开瓶器或者盐罐（这还只是其中几样）。这家单室博物馆会轮流展出它从日本47个都道府县搜罗而来的最新发现。隔壁的d47 Design Travel商店也非常不错。(d47 Museum; www.hikarie8.com/d47museum; 渋谷区渋谷2-21-1 Hikarie大楼 8层; 门票免费; 11:00~20:00; JR山手线至涩谷, 东出口)

八公像

雕像

5 见90页地图，D4

来看看东京最著名的犬只——八公。这条秋田犬每天都会到涩谷站来迎接它的主人——一位教授——下班回家。教授在1925年过世，然而八公仍然坚持到车站等候主人，直到10年后它死去为止。这个故事成为了传奇，人们在涩谷车站前建起了一座小雕像，以纪念这只忠犬。周围的广场是东京最具人气的碰面地点，一直非

常喧闹。(Hachikō Statue，ハチ公像；八公广场；🚉JR山手线至涩谷，八公出口)

西班牙坂

街区

6 见90页地图，D3

这条涩谷最有气氛的小巷独具地中海风情，可谓是典型的东京混搭组合。在狭窄而蜿蜒的砖砌小巷内随处可见风格迥异的建筑，此外还有可爱的服装店以及各式各样的餐馆。(Spain-zaka，スペイン坂；🚉JR山手线至涩谷，八公出口)

就餐

d47食堂

日本料理 ¥

7 见90页地图，F4

日本有47个都道府县，而d47食堂时常变化的定食(teishoku，套餐)就包括每个地方的特色菜，从冲绳的发酵豆腐糕，到北海道的填馅鱿鱼，应有尽有。晚上还有丰富的小碟菜肴可供选择。透过大窗户还可以俯瞰涩谷站的列车进进出出。(d47 Shokudō；www.hikarie8.com/d47shokudo/about.shtml；渋谷区渋谷 2-21-1 Hikarie大楼 8层；餐 ¥1200~1780；⏲11:00~14:30和18:00~22:30；🚭 📋；🚉JR山手线至涩谷，东出口)

松木家

火锅 ¥¥¥

8 见90页地图，B5

松木家的厨师自1890年开始一直在制作寿喜烧(sukiyaki；把薄牛肉片煮熟，然后蘸着生蛋汁吃)，因此深谙此道。特级套餐(¥7500)的牛肉入口即化，确实物有所值。按用餐人数收费，全餐含蔬菜，以肉汤面条收尾。[Matsukiya；☎03-3461-2651；渋谷区圓山町(Maruyama-chō)6-8；寿喜烧 ¥5400起；⏲周一至周六17:00~23:00；📋；🚉JR山手线至涩谷，八公出口]

SEAN PAVONE / SHUTTERSTOCK ©

涩谷中央街(见92页)

Gyūkatsu Motomura

炸牛排 ¥

9 见90页地图，F5

炸猪排是日料中的常见菜式，相信你已经吃过，下面来认识一下最近风靡东京的炸牛排(gyūkatsu)。这里供应的炸牛排外皮无比酥脆，里面还可能是生的，食客们可以用单人小烤架将牛排烤

独家贴士

外卖美食

想简单吃一餐的话可以去Food Show（见90页地图，D4；フードショー；涉谷区涉谷 2-24-1 地下层；⏲10:00~21:00；✎；🚉JR山手线至涩谷，八公出口），这个外卖食品的天堂位于涩谷站地下层，八公广场（Hachikō Plaza）上有一个指向地下的绿色标志，那里便是入口。

制成适合自己口味的程度。套餐包括卷心菜、米饭和汤。（牛かつもと村；☎03-3797-3735；涉谷区涉谷 3-18-10 地下层；套餐 ¥1200；⏲周一至周六 10:30~22:30，周日 10:30~20:30；🚭📋；🚉JR山手线至涩谷，东出口）

嵯峨谷

荞麦面 ¥

10 见90页地图，C3

这家通宵营业的餐馆证明了只有那些对当地不甚了解的人才会觉得东京物价高昂，这里用竹蒸笼盛放的美味面条仅售¥290。还可以“奢侈一下”，尝尝¥390的芝麻酱荞麦面（goma-dare soba，ごまだれそば）。留意橱窗里的石磨，在自动点菜机上点餐。[Sagatani；涉谷区道玄坂（Dōgenzaka）2-25-7；面条 ¥290起；⏲24小时；🚭📋；🚉JR山手线至涩谷，八公出口]

开花屋

海鲜 ¥¥

11 见90页地图，A5

这家备受旅行者欢迎的餐厅的主厨大概是想把海滩搬到涩谷来。墙上挂着冲浪板，菜单上的食物几乎都是在附近的相模湾（Sagami Bay）捕捞的，厨师会用日式和西式的手法烹制海鲜。一定要试试金枪鱼下巴（鮪の釜，maguro no kama；¥1200）。建议预订；桌位费每人¥400。（Kaikaya，開花屋；☎03-3770-0878；www.kaikaya.com；涉谷区圓山町 23-7；午餐 ¥850起，菜肴 ¥850~2300；⏲周一至周五 11:30~14:00和17:30~22:30，周六和周日 17:30~22:30；🚭📋；🚉JR山手线至涩谷，八公出口）

饮品

Good Beer Faucets

精酿啤酒

12 见90页地图，B3

Good Beer Faucets是东京最好的日式精酿啤酒酒吧之一，40个闪亮的啤酒龙头总能吸引一屋子的本地人和外国人。室内以镀铬装饰物和混凝土为装饰（一点儿都不简陋）。可在优惠时段——“happy hour”（周一至周四 17:00~20:00，周日 13:00~19:00）前往，那时所有啤酒都有¥200的折扣。[グッドビアフォウセッツ；http://shibuya.goodbeerfaucets.jp；涉谷区松濤（Shōtō）1-29-1 2层；啤酒 ¥800起；⏲周一至周四和周六 17:00至午夜，周五 至次日3:00，周日 16:00~23:00；🚭📶📋；🚉JR山手线至涩谷，八公出口]

Womb

夜店

13 见90页地图，B4

长久以来（至少在有夜店以来），Womb就一直是东京夜生活的固定组成部分。这里周末有很多大名鼎鼎的国际DJ打碟，通常播放浩室舞曲和电子音乐。劲爆的激光和闪灯会扫过起伏热舞的人群，4层楼往往都会挤得满满的。平日里要安静些，有当地DJ播放EDM混音音乐，女士可持宣传单免费入场。（ウーム；☎03-5459-0039；www.womb.co.jp；渋谷区圓山町2-16；入场费 ¥1500~4000；⏰周五和周六 23:00至深夜，周日 16:00~22:00；🚉JR山手线至涩谷，八公出口）

Rhythm Cafe

酒吧

14 见90页地图，C2

由唱片公司经营，有趣又时尚。酒吧常常客满为患，店里空间不够的话，派对甚至会延伸到街上。这里的晚间活动不同凡响（如每月第四个周四的怀旧日本流行音乐之夜）。饮品¥700起；有DJ表演时入场费约¥1000。[リズムカフェ；☎03-3770-0244；http://rhythmcafe.jp；渋谷区宇田川町（Udagawa-chō）11-1；⏰18:00至次日2:00；🚉JR山手线至涩谷，八公出口]

Tight

酒吧

15 见90页地图，E3

Nonbei横丁（Nonbei-yokochō，のんべい横丁）是条与JR高架铁轨平行、店铺密集的狭窄街道，而这家袖珍的小酒吧就挤在这条夜店街简陋的木屋之间，是享受夜生活的好去处。正如店名所暗示的，这里相当逼仄，然而即使缺少座位常客照样频繁光顾；繁忙的夜晚，他们会在楼梯上排队。留意巨大的观景窗。没有入场费，饮品价格在¥700左右。（タイト；http://www.2004-tight.com；渋谷区渋谷 1-25-10 2层；⏰周一至周六 18:00至次日2:00，周日 至午夜；🚉JR山手线至涩谷，八公出口）

当地生活

大头贴圣地

年轻人热衷于大头贴（puri-kura；自拍亭的日式缩写）的原因显而易见：经过电脑修饰的照片会自动去除皮肤的缺陷，还能加上大大的眼睛和长长的睫毛等美颜效果（让你的自拍照看起来就像是动漫版的人物）。在摆好姿势并精心修饰过后，还可以用触屏笔随意装饰屏幕上的图像。**大头贴圣地**（Purikura no Mecca；见90页地图，D3；プリクラのメッカ；渋谷区宇田川町 29-1 3层；大头贴 ¥400；⏰24小时；🚉JR山手线至涩谷，八公出口）有最好的自拍亭。要注意的是，纯男性团体不允许进入。

Contact
夜店

16 见90页地图，C4

东京最新开张的人气夜店，位于地下层，装饰时尚，紧跟潮流。周末有国际大牌DJ，主顾群体年轻时髦。入场要求有些严格：舞池不许吸烟，也不许拍照（你就纵情热舞好了）。不满23岁者入场费¥2000。需要身份证件。（コンタクト；☎03-6427-8107；www.contacttokyo.com；涉谷区道玄坂 2-10-12 地下层；¥2000~3500；🚭；🚉JR山手线至涩谷，八公出口）

娱乐

WWW
现场音乐

17 见90页地图，D2

前身是一家艺术电影院，几乎每个晚上都有很棒的音乐，相当难得。从独立流行音乐到朋克再到电子音乐，演出类型颇为丰富。楼上是新开张的WWW X，空间更宽敞。（www-shibuya.jp/index.html；涉谷区宇田川町 13-17；门票 ¥2000~5000；🚉JR山手线至涩谷，八公出口）

购物

东急手创店
百货商店

18 见90页地图，C2

这家DIY和杂货商店有8个极具吸引力的楼层，出售各种你根本没想到自己会需要的小物件，比如按摩拖鞋、蜂毒面膜和卡通人物形状的饭团模具。多数商品都不贵，非常适合淘纪念品和礼品。注意，别逛得忘了时间喔！（Tokyu Hands，東急ハンズ；http://shibuya.tokyu-hands.co.jp；涉谷区宇田川町 12-18；⏲10:00~20:30；🚉JR山手线至涩谷，八公出口）

Fake Tokyo
时装和饰品

19 见90页地图，D3

这里是在东京发现热门新晋日本设

了解当地

情人旅馆

东京天价的房租意味着许多年轻人结婚前都要跟父母住在一起，于是情人旅馆（rabuho）就成为男欢女爱的重要一环。这些旅馆的装饰主题五花八门——主要是为了唤起人们对于远方宫殿或异国岛屿的想象。涩谷的**道玄坂**（Dōgenzaka；🚉JR山手线至涩谷，八公出口）是东京最大的情人旅馆聚集地之一。如果你是和另一半出游的话，住情人旅馆比住商务酒店便宜，一晚的房费约¥6500起（日间3小时的“休息”费用约¥4000）。

USJ / SHUTTERSTOCK ©

涩谷的Loft

计师的最佳去处之一。里面实际有两家店铺：楼下是Candy，全都是样式花哨的中性街头服饰；楼上是Sister，专门经营更加淑女的衣服，新品和古着孤品均有。留意门外的“Fake Tokyo”横幅。（☎03-5456-9892；www.faketokyo.com；涩谷区宇田川町18-4；⊙正午至22:00；🚉JR山手线至涩谷，八公出口）

Loft

百货商店

20 🔒 见90页地图，D3

售卖家居用品、文具和饰品的百货店，主打萌系商品。1楼有大量应季商品和礼品，特别适合淘纪念品。（ロフト；☎03-3462-3807；www.loft.co.jp；涩谷区宇田川町18-2；⊙10:00~21:00；🚉JR山手线至涩谷，八公出口）

当地生活

下北泽一夜

50年来，下北（Shimokita；当地人的叫法）一直像面棱镜折射着东京另类的一面。其他的街区发展迅速，但下北仍固执地保持着自己小小的规模，街道狭窄曲折（出租车司机们的噩梦），氛围别具一格。可以在这里度过一个晚上，向那些致力于延续下北泽奇异色彩的人们敬上一杯。

到达和离开

从涩谷或新宿乘火车到下北泽（Shimo-kitazawa，下北沢），车程均为7分钟。

在涩谷可以乘坐京王井之头线（Keiō Inoka-shira Line）到下北泽；从新宿出发的话，可以乘坐小田急线（Odakyū Line）至下北泽。

❶ 南口商店街

南口商店街（Minami-guchi shōten-gai）以一道拱门为标志，是从车站向南延伸的主干道。这里行人众多，汽车根本无法通行。

❷ Books and Beer

第一站是**B&B**（http://bookandbeer.com；北沢 2-12-4 2层；正午至午夜；；京王井之头线至下北泽，南口），即“书籍和啤酒”店，是一家非常个性的书店，供应精酿啤酒（¥500起）和咖啡。有时候晚上还举办读书会和演奏会。

❸ Shirube

钻进一条小巷，寻找**Shirube**（汁べゑ；03-3413-3785；北沢 2-18-2；菜肴 ¥730~1060；17:30至午夜；；；京王井之头线至下北泽，南口）的白色门帘。这家热闹的居酒屋总是客满为患，如果你是几个人一起来，或者周五周六的晚上来，都要预订。

❹ Mother

走进**Mother**[マザー；03-3421-9519；www.rock-mother.com；代沢（Daizawa）5-36-14；周日至周四 17:00至次日2:00，周五和周六 17:00至次日5:00；；京王井之头线至下北泽，南口]，室内空间加上墙上起伏不平的马赛克，都会令人产生进入子宫的感觉；背景音乐是六七十年代的歌曲。不要错过倒在骷髅玻璃杯里、店家自制的“mori”酒（饮品¥600起）。

❺ 东通

低矮的建筑、仿古彩绘玻璃街灯，加上拱形的路牌，**东通**（Azuma-dōri，東通り）的许多元素在视觉上呈现出复古的魅力。前往这条路的途中，留意左手边的庚申堂（Kōshindō），这个由热心街坊照看的袖珍神社非常漂亮。

❻ Trouble Peach

Trouble Peach（トラブル・ピーチ；03-3460-1468；北沢 2-9-18 2层；入场费¥400；19:00至次日7:00；；京王井之头线至下北泽，南口）的几乎所有东西都是破破烂烂的模样，而这一切并非人为做旧。这家备受青睐的酒吧已营业40多年，背景音乐仍然使用黑胶唱片。注意寻找铁路旁的霓虹灯标志。饮品¥500起。

❼ Never Never Land

Never Never Land（ネヴァーネヴァーランド；北沢 3-19-3 2层；入场费 每人¥200；18:00至次日2:00；；京王井之头线至下北泽，北口）的入口彩灯闪烁，这家老字号酒吧总是烟雾缭绕、声音嘈杂，一派波希米亚范儿。供应冲绳菜肴、啤酒和鸡尾酒（食物和饮品¥500起）。

❽ The Suzunari

实验剧场**The Suzunari**（ザ・スズナリ）是下北泽的地标之一，这栋外观杂乱（甚至显得破败）的建筑内有Getto等十几家小酒吧。

探索

原宿和青山

原宿是东京的一大亮点，气势恢宏的明治神宫位于此地，而标新立异的街头时装、令人印象深刻的当代建筑和几座艺术博物馆也都魅力十足。毗邻的青山（如图）是当地时尚人群购物和就餐的场所。花一天时间穿越于传统与现代之间，尽情享受出色的餐馆、咖啡馆和精品店，定能令你不虚此行。

一日游行程

一早就去原宿才能充分感受这里的魅力：先去著名的神道教神社**明治神宫**（见102页），早晨游人不多。然后沿着**表参道**（见106页）走走，在购物人潮涌来之前观赏大道两旁引人注目的当代建筑再合适不过。再到当地人青睐的**原宿饺子楼**（见108页）或者任意一家出色的餐馆吃个午饭歇歇脚。

午餐后去优秀的艺术博物馆享受片刻宁静，可以到**浮世绘太田纪念美术馆**（见106页）欣赏木版画，或者到**根津美术馆**（见106页）看看古董。原宿是世界知名的购物目的地，外观更显前卫的小巷在这里纵横交错，不妨穿梭其中，一直前往**竹下通**（见106页）——这条潮流购物街深受日本各地青少年喜爱，此时应该已经开始人头攒动了。

商家打烊后的原宿静得吓人。黄昏时，到青山的**Two Rooms**（见111页）露台上观景再合适不过。如果想好好享受一番，这里有些相当好的（价格亦可接受）晚餐选择，如**Yanmo**（见108页）。

顶级景点

明治神宫（见102页）

东京最佳

博物馆和画廊

根津美术馆（见106页）

公园和庭园

代代木公园（见106页）

流行文化

可爱怪兽咖啡馆（见108页）

竹下通（见106页）

饮品和夜生活

Two Rooms（见111页）

最佳购物

Sou-Sou（见112页）

到达和离开

火车 JR山手线经停原宿站（Harajuku）。

地铁 千代田线沿表参道（Omote-sandō）地下运行，在明治神宫前（Meiji-jingūmae；前往原宿）和表参道（前往青山）设站。银座线和半藏门线也经停表参道站。

顶级景点

明治神宫

如果你在东京只参观一处神道教神社，那么就来这里。明治神宫（Meiji-jingū）供奉着明治天皇和昭宪皇后的灵位，明治天皇（1868~1912年）执政时期，日本经历了由闭关锁国的封建社会到现代国家的转变。神宫目前正为筹备2020年的落成百年庆典整修；有些建筑可能会被围挡封闭起来，但整体上还是保持开放的状态。

见104页地图，A2

www.meijijingu.or.jp

渋谷区代々木神園町（Yoyogi Kamizono-chō）1-1

门票免费

黎明至黄昏

JR山手线至原宿，表参道出口

明治神宫的木质鸟居

鸟居

数座木质鸟居（torii）耸立在明治神宫的入口，最大的鸟居高达12米，采用树龄1500年的台湾桧木建造。根据日本习俗，鸟居标志着人世与神域的分界，经过鸟居时要鞠躬行礼。

手水舍

在抵达本殿之前，参观者需要在手水舍（temizuya）洗手以净化身心。用长柄勺舀水，先洗左手，再洗右手。接着左手接水漱口，之后再洗左手。千万记住洗手水和漱口水不能流入或吐回手水舍。

本殿

本殿建于1920年，在“二战”时的空袭中被毁，后在1958年重建。与日本众多战后重建的建筑不同，明治神宫仍保持着原来的风貌。本殿由来自长野县木曾（Kiso）地区的桧木建造。礼神时，先将五日元硬币投入赛钱箱，鞠躬两次，击掌合十两次，然后再次鞠躬。本殿的右方有亭子出售绘马（ema；写有许愿话语的木牌）和御守（omamori；护身符）。

明治神宫御苑

神宫本身只占据面积广阔的林地的一小部分，这片林地种植着来自日本各地的约12万棵树木，通往本殿的小路旁就是明治神宫御苑（Meiji-jingū Gyoen）的入口。这座秀美的御苑原是一位大名的庭园，收归皇室后，明治天皇亲自设计了菖蒲园以取悦皇后。

☑ 独家贴士

- 把参观时间安排在8:00或14:00，可以赶上每天两次的日供祭（nikkusai），即供奉神馔和祈祷的仪式。
- 运气好的话，你可能会看到传统婚礼的队伍（尽量别挡人家的路）。
- 如果在本殿附近拍照的话，可能会招来警卫。这里的规矩是，头顶有屋檐的地方就不能拍照。

吃喝落脚点

咖啡馆**Mori no Terrace**（杜のテラス；☎03-3379-9222；涉谷区代々木神園町 1-1；⏲9:00至黄昏）就在通往神宫的碎石小径路旁。

拉面店**Kyūsyū Jangara**（见111页）距神宫很近，步行可达。

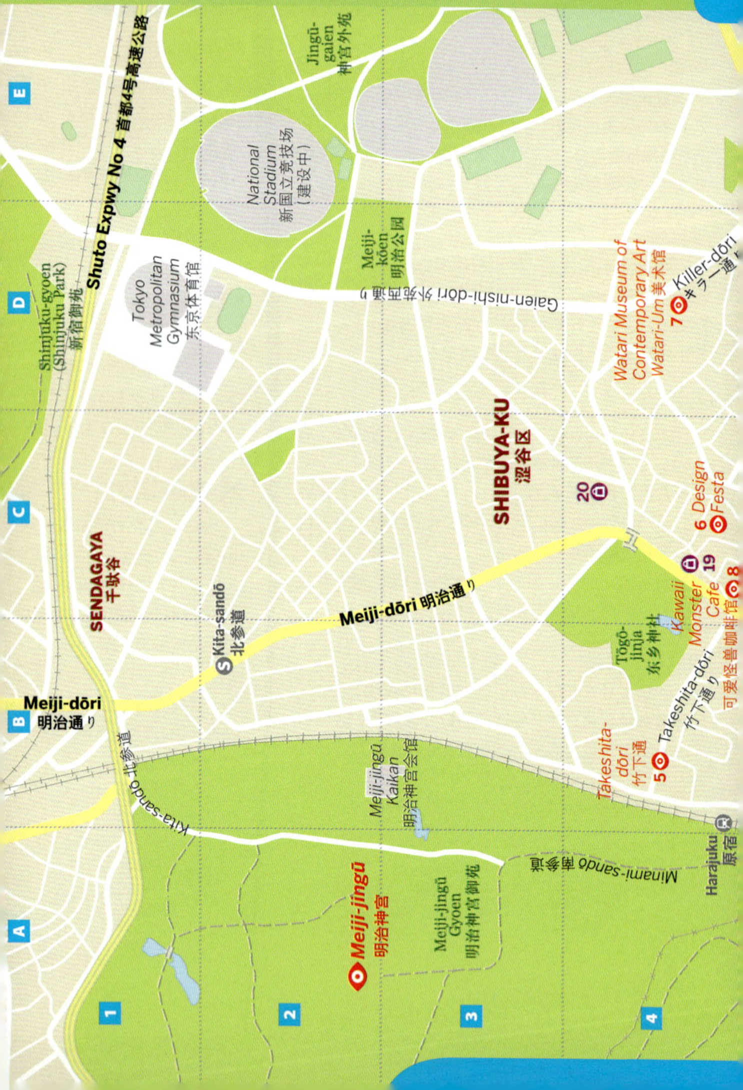
Shuto Expwy No 4 首都4号高速公路
Jingū-gaien 神宫外苑
National Stadium 新国立竞技场（建设中）
Meiji-kōen 明治公园
Tokyo Metropolitan Gymnasium 东京体育馆
Shinjuku-gyoen (Shinjuku Park) 新宿御苑
Gaien-nishi-dōri 外苑西通り
Watari Museum of Contemporary Art Watari-Um 美术馆
7 Killer-dōri キラー通り
SHIBUYA-KU 涩谷区
SENDAGAYA 千驮谷
Kita-sandō 北参道
Meiji-dōri 明治通り
20
6 Design Festa
19
8 Kawaii Monster Cafe 可爱怪兽咖啡馆
Tōgō-jinja 东乡神社
Takeshita-dōri 竹下通り
5 Takeshita-dōri 竹下通
Meiji-jingū Kaikan 明治神宫会馆
Kita-sandō 北参道
Meiji-jingū 明治神宫
Meiji-jingū Gyoen 明治神宫御苑
Minami-sandō 南参道
Harajuku 原宿
A B C D E
1 2 3 4

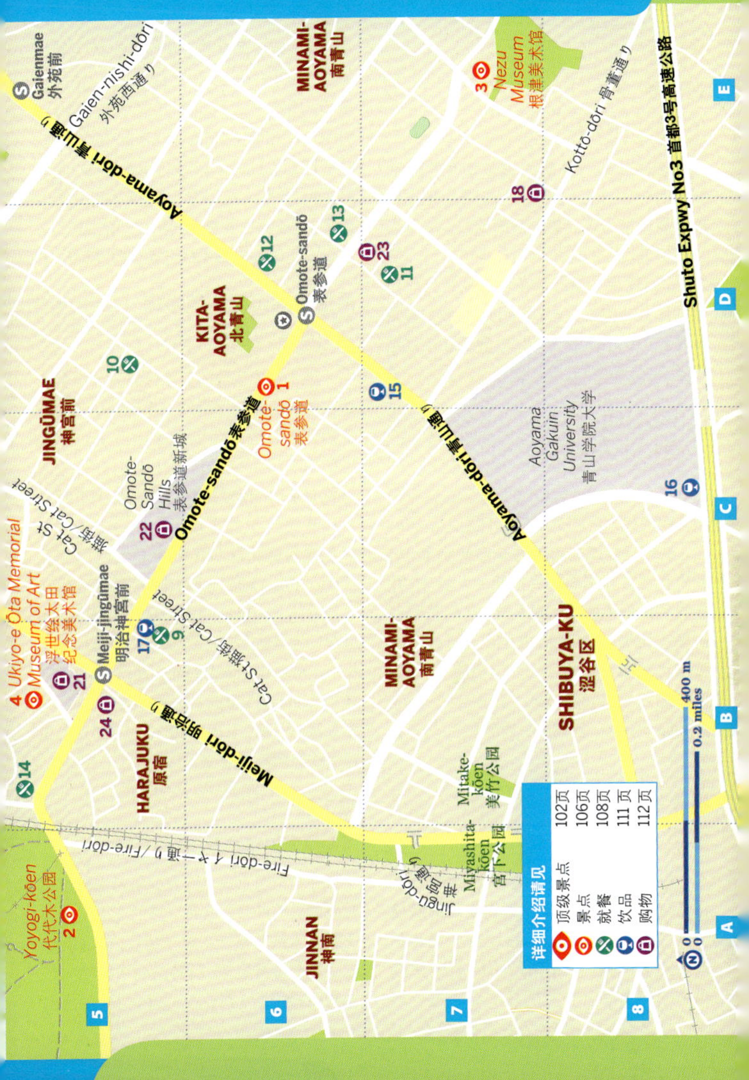

JINGŪMAE 神宫前
KITA-AOYAMA 北青山
MINAMI-AOYAMA 南青山
HARAJUKU 原宿
JINNAN 神南
SHIBUYA-KU 涩谷区
Aoyama-dōri 青山通り
Omote-sandō 表参道
Meiji-dōri 明治通り
Gaien-nishi-dōri 外苑西通り
Kottō-dōri 骨董通り
Shuto Expwy No3 首都3号高速公路
Cat Street/Cat St 猫街
Fire-dōri ファイアー通り/Fire-dōri
Jingū-dōri 神宫通り
Gaienmae 外苑前
Omote-sandō 表参道
Meiji-jingūmae 明治神宫前
Omote-Sandō Hills 表参道新城
Aoyama Gakuin University 青山学院大学
Ukiyo-e Ōta Memorial Museum of Art 浮世绘太田纪念美术馆
Nezu Museum 根津美术馆
Yoyogi-kōen 代代木公园
Mitake-kōen 美竹公园
Miyashita-kōen 宫下公园
详细介绍请见
顶级景点 102页
景点 106页
就餐 108页
饮品 111页
购物 112页
400 m
0.2 miles
A B C D E
5 6 7 8

景点

表参道

街区

1 见104页地图，D6

这条壮丽的林荫大道最初是作为通往明治神宫的主参拜道而设计的，现在则成了高档精品店云集的时尚地段。那些设计师店铺所在的建筑也出自建筑设计大师之手，因此表参道也是在东京欣赏当代建筑的绝佳去处之一。（Omote-sandō；S 银座线至表参道，A3或B4出口，JR山手线至原宿，表参道出口）

代代木公园

公园

2 见104页地图，A5

晴朗而暖和的周末午后，总是会有很多人在代代木公园宽阔的草坪周围消磨时光。从转呼啦圈的市民到非洲鼓玩家，再到聚集在音箱四周跳复古舞的人们，在此能看到形形色色的玩闹人群。这里是野餐的理想场所，并且大概也是东京唯一一处可以比较放心地玩飞盘而不用担心砸到人的地方。（Yoyogi-kōen，代々木公園；www.yoyogipark.info；JR山手线至原宿，表参道出口）

根津美术馆

博物馆

3 见104页地图，E7

根津美术馆以令人印象深刻的方式将新与旧结合在了一起，当代建筑师隈研吾设计的展馆里，展出着日本、中国和朝鲜的知名文物。从丰富的馆藏品中挑选出来的艺术品会在周期性展览中进行展示。英文解说非常棒。展厅后面是一处绿树成荫的庭园，有石头铺就的小径可供漫步，还有几家茶室和几座雕塑。[Nezu Museum，根津美術館；03-3400-2536；www.nezu-muse.or.jp；港区南青山（Minami-Aoyama）6-5-1；成人/学生/儿童 ¥1100/800/免费，特展额外收费 ¥200；周二至周日 10:00~17:00；S 银座线至表参道，A5出口]

浮世绘太田纪念美术馆

博物馆

4 见104页地图，B5

进入这家宁静的美术馆需要换拖鞋，馆内展出的一流浮世绘（ukiyo-e，日本的木版画）都是东邦生命保险公司（Toho Life Insurance Company）前会长太田清藏（Ōta Seizo）的藏品。只需1个小时就可以看完这里的定期主题展，展品一般都包含葛饰北斋（Hokusai）、歌川广重（Hiroshige）等大师的作品。每月最后几天通常闭馆。[Ukiyo-e Ōta Memorial Museum of Art，浮世絵太田記念美術館；03-5777-8600；www.ukiyoe-ota-muse.jp；涉谷区神宫前（Jingūmae）1-10-10；成人 ¥700~1000，儿童免费；周二至周日 10:30~17:30；JR山手线至原宿，表参道出口]

竹下通

街区

5 见104页地图，B4

在这个东京著名的青少年时尚街市，时髦的衣服经常跟各种风格的亚文化服饰（朋克风格的格子花呢和别针、装饰风格的多彩芭蕾舞短裙、哥特洛丽塔风格的维多利亚式服装）摆放在一起。需要注意的

WILLIAM ALLUM / SHUTTERSTOCK ©

代代木公园赏花

是，这条步行街是日本各地少男少女们的朝圣地，也就是说，这里可能会非常拥挤。（Takeshita-dōri，竹下通り；JR山手线至原宿，竹下出口）

Design Festa

画廊

6 见104页地图，C4

近二十年来，Design Festa已经成为了东京DIY艺术领域中的领军者。这座疯人院一般的建筑本身就很值得一看，它总是在不断地发展变化。馆内有十几个可以按天租用的小画廊，有作品展出的艺术家们往往就在附近出没。个性的御好烧餐馆樱亭（Sakuratei，さくら亭）也在这里。（デザインフェスタ；03-3479-1442；www.designfestagallery.com；涩谷区神宫前 3-20-2；门票免费；11:00~20:00；JR山手线至原宿，竹下出口）

Watari-Um美术馆

博物馆

7 见104页地图，D4

这座主张进步而且经常引发争论的美术馆建于1990年，设计者是瑞士建筑师马里奥·博塔（Mario Botta）。该馆的展览范围相当广泛，从名动艺术界的大师（例如草间弥生和白南准）的作品回顾展，到涂鸦和风景艺术家的展览，可谓应有尽有——有些展览甚至会延伸到周边的街道上。双人票价¥1600。[Watari Museum of contemporary Art，ワタリウム美術館；03-3402-3001；www.watarium.co.jp；涩谷区神宫前 3-7-6；成人/学生 ¥1000/800; 11:00~19:00, 周三 至21:00, 周一闭馆; S 银座线至外苑前(Gaienmae), 3出口]

可爱怪兽咖啡馆

知名建筑

8 见104页地图, C4

鲜艳的色彩、超现实主义艺术装置、奇异的服装, 均出自塞巴斯蒂安·增田(Sebastian Masuda; 流行歌手竹村桐子的造型师)的手笔。如今猎奇可爱(guro-kawaii)审美风靡当下, 这家新咖啡馆就是其具体表现。食品和饮品(饮品¥800起, 并非你来这里的真正目的, 但毕竟还是得点些东西)的颜色与店内装饰相得益彰。(Kawaii Monster Cafe; 03-5413-6142; http://kawaiimonster.jp; 涉谷区神宫前 4-31-10 YM Bldg 4层; 服务费 ¥500; 周一至周六 11:30~16:30和18:00~22:30, 周日 11:00~20:00; JR山手线至原宿, 表参道出口)

就餐

原宿饺子楼

饺子 ¥

9 见104页地图, B5

这里的菜单上只有饺子(Gyōza), 不过排队的常客对此绝无怨言。不管选择水饺(sui)还是煎饺(yaki), 加不加大蒜(nin-niku)或韭菜(nira), 都非常美味。周末需要等位, 好在不需等很久。(Harajuku Gyōza-ro, 原宿餃子楼; 涉谷区神宫前 6-4-2; 6个饺子 ¥290; 11:30至次日4:30; ; JR山手线至原宿, 表参道出口)

Maisen

炸猪排 ¥

10 见104页地图, D5

你可以点别的(比如炸虾), 不过进店的每个人都会点著名的炸猪排(tonkatsu)。菜单上有不同等级的猪肉, 包括珍贵的黑猪肉(kurobuta), 然而, 即使是最便宜的炸猪排也同样入口即化。餐馆由一间老公共浴池改建而成。外卖窗口供应美味的炸猪排三明治(tonkatsu sando)。(まい泉; http://mai-sen.com; 涉谷区神宫前 4-8-5; 午餐/晚餐 ¥995/1680起; 11:00~22:00; ; ; S 银座线至表参道, A2出口)

Yanmo

海鲜 ¥¥¥

11 见104页地图, D7

从伊豆半岛捕捞的新鲜海鲜是这家高档却又低调的餐馆的特色菜肴。如果你想挥霍一番、好好地享用一顿海鲜大餐, 这里便是绝佳的选择。价格合理的套餐包括刺身、蒸鱼和烤鱼。午餐很实惠, 但是可能需要排队。晚餐必须预订。(やんも; 03-5466-0636; www.yanmo.co.jp/aoyama/index.html; 港区南青山 5-5-25 T·PLACE大楼 地下层; 午餐/晚餐套餐 ¥1100/7560起; 周一至周六 11:30~14:00和18:00~22:30; ; S 银座线至表参道, A5出口)

Commune 2nd

市场 ¥

12 见104页地图, D6

东京少见的露天餐饮场所之一, 它更像是临时的快餐车汇集点(这块地皮非常

了解当地

宗教现状

表参道原是通往明治神宫的官方参拜道，不过现在如果在周末前往，你会看到人行道旁站满在时下最热门餐厅排队等位的东京当地人，而不远的明治神宫里则挤满了游客。但在新年前三天，会有约300万人到神社参拜以迎接新年。宗教似乎与东京人的日常生活没有太多关联，然而在传统的感召下，他们还是会投身其中，表现得尤为积极。

年度节庆

元日（Ganjitsu，新年）是日本历法上最吉利的日子。在1月1日的午夜，大家会聚集在寺庙（庙里的钟会敲响108次，以祛除前一年的各种烦恼）和神社（祈求来年的健康、幸福与富裕）里。在东京，明治神宫（见102页）是人们参拜最多的神社，而浅草寺（见152页）则是香火最旺的寺庙。对于喜静的人来说，这两个地方可能都不是个好去处。

每年的另一个重要节日就是**盂兰盆节**（O-Bon）：8月中旬的三天，据说此时逝者的灵魂会重返人世。许多东京人会回到故乡扫墓祭祖，还会参与到历史悠久的盆踊舞蹈（bon-odori）之中。靖国神社（Yasukuni-jinja；见114页）在7月举办盂兰盆节的祭祀活动时会挂起数千只灯笼。

成人礼

几百年来，日本的成人礼仪式都包含了去神社或寺庙参拜的环节。本土的神道教是泛灵论信仰，认为树木、石头、动物皆有神性；佛教则于公元7世纪时由中国传入，这两大宗教长期以来一直在日本和谐共存。

一般而言，神道教关注的是此生：生育、婚嫁等都在神社庆祝。如果运气不错，你会在神社中看到类似的仪式，参与者们都身穿精致的和服。而佛教关注的是往生：葬礼和纪念仪式都在寺庙里举办。

值钱，没人知道餐馆还能维持多久）。这里有十几家摊贩，供应便宜的咖喱菜肴、热狗和啤酒等。花¥1000左右就能变着花样凑一餐饭，只需再找个长椅就能慢慢享用了。（http://commune2nd.com；港区南青山 3-13；11:00~22:00；；S 银座线至表参道，A4出口）

Higashiya Man

甜品 ¥

13 见104页地图，D6

店名中的“Man”指的就是“Manju”（饅頭；有馅儿的包子，通常是豆沙包），外卖柜台的包子都是现蒸现卖，很受来青山购物的购物者们的喜爱。小店里还有花样繁多的传统日式甜品，很多都有漂亮的包装，适合买回去当作礼物。（ひがしやまん；03-5414-3881；www.higashiya.com/shop/man/；港区南青山 3-17-14；甜品 ¥300；11:00~19:00；；S 银座线至表参道，A4出口）

樱亭

御好烧 ¥

这家时髦的餐馆坐落在Design Festa（见6；104页地图，C4）内，在这里可以自己动手烹制御好烧（okonomiyaki，お好み焼き；美味的日式煎饼）。除了经典口味之外，还提供一些古怪的选择（如玉米卷饼或奶油培根意面等）。也可以选择限时90分钟的高性价比自助餐（午餐/晚餐 ¥1250/2100）。（さくら亭，Sakura-

Kiddy Land（见113页）

tei; 03-3479-0039; www.sakuratei.co.jp; 渋谷区神宫前 3-20-1; 御好烧 ¥950~1500; 11:00至午夜; ; JR山手线至原宿, 竹下出口)

Kyūsyū Jangara

拉面 ¥

14 见104页地图, B5

来这家大受欢迎的店铺尝尝优质的面条、口感嫩滑的叉烧肉(chāshū)以及地道的辛子高菜(karashi takana, 类似腌咸菜)吧, 这些可都是九州拉面(肉汤拉面)的精髓。点"全加"(zembu-iri, 全部入り)一定不会错。素食者注意: 这里最近还推出了一款素食拉面, 难得的是, 这款拉面也非常好吃。(九州じゃんがら; http://kyushujangara.co.jp/shops/harajuku; 渋谷区神宫前 1-13-21; 拉面 ¥630~1130; 周一至周五 10:45至午夜, 周六和周日10:00开始营业; ; JR山手线至原宿, 表参道出口)

饮品

Two Rooms

酒吧

15 见104页地图, D7

看这里顾客的穿着, 似乎他们并不在意红酒的价格为每杯¥1600起。你也可以在这里用餐, 然而真正有意思的还是晚上的酒吧。周五或周六晚上要提前打电话(店员会说英语)预订露台上的桌子, 在那里可以一览新宿的城市天际线, 相当壮观。[トゥールームス; 03-3498-0002; www.tworooms.jp; 港区北青山(Kita-Aoyama)3-11-7 AO bldg 5层; 周一至周六11:30至次日2:00, 周日 至22:00; ; S 银座线至表参道, B2出口]

Oath

酒吧

16 见104页地图, C8

这家小店坐落在有些萧条的快速路边上, 但对刚在夜店狂欢了几个小时的人来说, 它极受欢迎。酒水仅需¥500, 还不收服务费。有时地下DJ也会在这里打碟。(http://bar-oath.com; 渋谷区渋谷 4-5-9; 周一至周四 21:00至次日5:00, 周五和周六至次日8:00; S 银座线至表参道, B1出口)

Montoak

咖啡馆

17 见104页地图, B5

这座时尚的有色玻璃立方体建筑中灯光朦胧, 是远离喧嚣街道的宁静之地。

> **当地生活**
>
> **青山的周末市场**
>
> 周末时, 最具人气的午餐场所当属快餐车汇聚的**青山农夫市集**(www.farmersmarkets.jp; 渋谷区神宫前 5-53-7; 周六和周日 10:00~16:00; S 银座线至表参道, B2出口)。这里也会举办其他活动, 如每月第一个周末的新潮跳蚤市场**Raw Tokyo**(www.rawtokyo.jp), 这时甚至还有DJ和现场绘画。

点上一壶茶或一瓶葡萄酒，一边啜饮一边观看店外的众生相。天气好的时候，还可以在露台找个座位。饮品¥700起。（モントーク；www.montoak.com；涩谷区神宫前 6-1-9；🕑11:00至次日3:00；🚭 📄；🚉JR山手线至原宿，表参道出口）

购物

Sou-Sou

时装和饰品

18 🛍 见104页地图，E7

来自京都的品牌Sou-Sou对传统的日本服装——比如分趾的短布袜（tabi，足袋）以及和服外褂（haori，羽織）——进行了现代改良。该店最知名的是带有钢制鞋头和橡胶鞋底的分趾足袋鞋，这种鞋原本是日本的建筑工人穿的，该品牌为其增添了醒目而俏皮的设计。此外，这里也有提包、T恤，以及极其可爱的童装。（そうそう；☎03-3407-7877；http://sousounetshop.jp；港区南青山 5-3-10；🕑11:00~20:00；S银座线至表参道，A5出口）

Dog

时装、二手店

19 🛍 见104页地图，C4

爱泡夜店的年轻人和时尚潮人都喜欢这家里原宿著名精品店中的爆款单品。商店本身的装饰就如同被废弃的嘉年华奇幻屋，外观看起来像一座艺术装置，非常吸引人。（ドッグ；www.dog-hjk.com/index.html；涩谷区神宫前 3-23-3 地下层；🕑正午至20:00；🚉JR山手线至原宿，竹下出口）

Musubi

工艺品

20 🛍 见104页地图，C4

包袱布（furoshiki）是万用的四方布，可以折叠、捆扎成为购物袋，也可以用于礼品包装。这家店出售各种漂亮的包袱布，既有传统图案的，也有现代风格的。店内通常都有会说英语的店员展示怎样使用它们，也可以挑一本这里出售的英文书。（むす美；http://kyoto-musubi.com；涩谷区神宫前 2-31-8；🕑周四至周

了解当地

原宿风

原宿是东京的T台，也是日本少数无须墨守成规也能出头的地方：一个乡下女孩子，只需要坐上列车来到这儿，在本地精品店找份工作，一年之内，就有可能凭着足够的胆量和时尚的衣着出现在国家级杂志上。每当有人宣称原宿已成过去，这里总会再兴起一股新的潮流，激励着全国的少男少女们。表参道后面纵横的小巷被称为**里原宿**（Ura-Hara；即原宿的后方），这里有许多古灵精怪的袖珍小店和二手商店，常有原宿潮人为打造吸睛妆容到这些店铺淘货。

二 11:00~19:00; 🚉JR山手线至原宿，竹下出口）

Laforet

时装和饰品

21 见104页地图，B5

几十年来，Laforet一直都是原宿前卫风潮的灯塔，很多深受粉丝喜爱的另类品牌仍然会在这里初试牛刀（地面层的精品店Wall中有些展示品）。从美式休闲（ame-kaji）到哥特风（在地下层），各种风格的商品应有尽有。（ラフォーレ；www.laforet.ne.jp；涉谷区神宫前 1-11-6；🕑11:00~20:00；🚉JR山手线至原宿，表参道出口）

Bedrock

时装和饰品

22 见104页地图，C5

走进Bedrock就像是进入吉他手基斯·理查兹（Keith Richards）的化妆室，或是电影《加勒比海盗》的服装间，满眼都是皮衣、羽毛和花边装饰。从Forbidden Fruit果汁吧后面一道隐秘的楼梯可以进入店里。（ベッドロック；涉谷区神宫前 4-12-10；🕑11:00~21:00，周日 至20:00；Ⓢ银座线至表参道，A2出口）

Comme des Garçons

时装和饰品

23 见104页地图，D7

设计师川久保玲在20世纪80年代初用她暗色的不对称设计颠覆了人们对时装的认知。虽然她的作品不像从前那般惊世骇俗，但这也有力地证明了她当年取得的成功影响深远。这座古怪、令人不知所以的建筑就是她所创品牌的旗舰店。（コム·デ·ギャルソン；www.comme-des-garcons.com；港区南青山 5-2-1；🕑11:00~20:00；Ⓢ银座线至表参道，A5出口）

Kiddy Land

玩具

这家多层玩具商场就在Montoak（见17；104页地图，B5）隔壁，里面的卡通商品多得堆到了屋顶，其中包括吉卜力工作室（Studio Ghibli）、三丽鸥和迪士尼的热销玩具。它不仅是孩子们喜爱的地方，也有很多成人会在凯蒂猫走廊上怀个旧。（キデイランド；www.kiddyland.co.jp/en/index.html；涉谷区神宫前 6-1-9；🕑10:00~21:00；🚉JR山手线至原宿，表参道出口）

Chicago Thrift Store

二手店

24 见104页地图，B5

店内塞满了各式各样的古着服装，其中最值得考虑的是数量庞大的二手和服和浴衣，价格非常便宜。（シカゴ；涉谷区神宫前 6-31-21；🕑10:00~20:00；🚉JR山手线至原宿，表参道出口）

探索

新宿

高档的百货商店、时光定格的小酒吧、深藏不露的政府机构、汹涌的人潮、街边的电子显示屏、绿树成荫的公园、灯红酒绿的夜生活、隐蔽的神社以及高耸入云的摩天大楼，新宿把东京瞬息万变、永不停歇的风情都浓缩在一个街区内。在经历了起起落落后，其可谓是对今日东京的绝佳概括。

一日游行程

游览新宿日夜皆宜。上午——通常是一天当中最晴朗的时段——最适合去**东京都厅舍**（左图；见119页），在位于45层的观景台俯瞰全城（也可以晚上来看夜景）。回到地面，前往新宿站以西的西新宿，在摩天大楼间穿行，到**新宿I-Land**（见120页）欣赏艺术品。开放的街心花园周围有许多便宜的就餐选择，颇受当地白领的青睐。

午餐的第二种选择是步行或乘坐地铁丸之内线前往新宿众多百货商店之一的**伊势丹**（见125页），在百货商店地下美食广场买个便当，带去**新宿御苑**（见119页）野餐。

夜晚的新宿流光溢彩——无数的酒吧、居酒屋、卡拉OK厅、爵士乐场所等待你的到来。要留意的是，午夜前后的末班地铁上人潮汹涌，拥挤程度用沙丁鱼罐头来形容绝不夸张。

想体验当地人的一天，见116页。

当地生活

夜幕下的新宿（见116页）

东京最佳

建筑和设计

东京都厅舍（见119页）

公园和庭园

新宿御苑（见119页）

流行文化

机器人餐厅（见117页）

饮品和夜生活

Ben Fiddich（见122页）

娱乐

Shinjuku Pit Inn（见123页）

购物

伊势丹（见125页）

到达和离开

火车 JR山手线经停新宿站(Shinjuku)。

S 地铁 东西向的丸之内线经停西新宿（Nishi-Shinjuku）、新宿、新宿三丁目（Shinjuku-sanchōme）和新宿御苑前（Shinjuku-gyoenmae）各站。南北向的副都心线经停新宿三丁目和东新宿（Higashi-Shinjuku）。地铁环线大江户线经停都厅前（Tochōmae）、新宿和东新宿。

当地生活
夜幕下的新宿

新宿是东京最大、也是最热闹的夜生活区域。俗艳的热舞、波希米亚风的小酒馆、霓虹闪烁的卡拉OK厅、各种主题酒吧等应有尽有，规模之大和种类之丰富意味着所有人都能各取所需。夜幕降临时，形形色色的人群来到这里释放白天的压力。周五夜里自然出来玩乐的人最多，不过实际上新宿每晚都很热闹。

❶ 漫步记忆中的小巷

“二战”结束以后，小巷**思出横丁**[Omoide-yokochō，思い出横丁；新宿区西新宿一丁目（Nishi-Shinjuku 1-chōme，Shinjuku-ku）；串烧 ¥150起；⏲正午至午夜，因店而异；📖；🚉JR山手线至新宿，西出口]的路边就支起了许多简陋的烤鸡肉串（yakitori，焼き鳥）摊位，因而烟雾缭绕，不分昼夜。巷名的字面意思即“记忆中的小巷”，当然，它还有一个比较不雅

的称呼——小便巷。其中有几家提供英文菜单。

❷ 沐浴在霓虹灯下

东新宿的主干道是**靖国通**(Yasukuni-dōri，靖国通り)，两旁的楼房中有许多居酒屋。此外这里也有卡拉OK厅、整夜营业的面馆、便利店，以及铺天盖地的霓虹灯招牌。

❸ 小心翼翼地走过歌舞伎町

靖国通以北的**歌舞伎町**(Kabu-kichō)是东京最著名的红灯区，这里有一家挨着一家的陪酒夜店(俊男靓女对顾客极尽讨好以哄其消费高价酒水)、热舞表演场所和情人旅馆。总的来说，步行通过这里是安全的，但我们建议你最好不要独自前往。

❹ 向哥斯拉问好

歌舞伎町的最新地标——也是该街区尽力打造更适合家庭氛围的明证——就是**新宿东宝大厦**(Shinjuku TOHO)，楼顶有一尊巨大的哥斯拉雕像。

❺ 遇见机器人

机器人餐厅(Robot Restaurant，ロボットレストラン；☎03-3200-5500；www.shinjuku-robot.com；新宿区歌舞伎町1-7-1；票价¥8000；⏲演出16:00、17:55、19:50和21:45；🚉JR山手线至新宿，东出口)的灯光足以照亮整个新宿。进入后可以看到由比基尼女郎驾驶的巨型机器人表演的卡巴莱歌舞(可在全城获取折扣传单)。当然你也可以只与外面的两个机器人合个影。

❻ 在堂吉诃德淘宝

亮着荧光灯的特价商品城堡**堂吉诃德**(Don Quijote，ドン・キホーテ；☎03-5291-9211；www.donki.com；新宿区歌舞伎町1-16-5；⏲24小时；🚉JR山手线至新宿，东出口)里塞满了各种稀奇古怪的东西。尽管现在已经变成了全国连锁店，但它起初只是为该市夜间工作者提供服务的24小时商店，当时颇为罕见。

❼ 在黄金街小酌

黄金街(Golden Gai，ゴールデン街)汇聚着几条小巷和许多局促的两层楼木头建筑，里面有上百家只有壁橱大小的酒吧。酒吧都很独特怪异，正如它们的经营者"主人"或"妈妈"一样。体验黄金街的最佳途径就是沿着小巷漫步，再随心选择一家酒吧。要注意的是，多数酒吧都有入场费(通常¥500~1500)。

❽ 深夜拉面

深夜时吃碗拉面，是一项深得人心的东京传统。位于黄金街的**Nagi**(凪；www.n-nagi.com；新宿区歌舞伎町黄金街G2通り1-1-10 2楼；拉面¥850起；⏲24小时；📖；🚉JR山手线至新宿，东出口)供应煮干拉面(niboshi rāmen，用沙丁鱼干熬煮的深色汤底配上鸡蛋面)，好吃得令人上瘾。寻找红色招牌，再沿着很陡的楼梯上去就到了。

详细介绍请见
景点 119页
就餐 120页
饮品 122页
娱乐 123页
SHINJUKU-KU 新宿区
SHINJUKU-NICHŌME 新宿二丁目
Shinjuku-gyoenmae 新宿御苑前
Shinjuku-dōri 新宿通り
Shinjuku-gyoen (Shinjuku Park) 新宿御苑
Shinjuku-gyoen 新宿御苑 2
Thermae-yu 5
Hanazono-jinja 花园神社 4
GOLDEN GAI 黄金街
Gyoen-dōri 御苑通り
Shinjuku-sanchōme 新宿三丁目
Yasukuni-dōri 靖国通り
SHINJUKU 新宿
SENDAGAYA 千驮谷
Meiji-dōri 明治通り
Kuyakusho-dōri 区役所通り
Bunka Sentā-dōri 文化センター通り
Kabukichō Ichiban-gai 歌舞伎町一番街
Central Rd 中央通り
Shinjuku-dōri 新宿通り
East Exit 东出口
Central East Exit 中央东出口
New South Exit 新南出口
Southeast Exit 东南出口
Shinjuku 新宿
Yoyogi 代々木
Seibu Shinjuku 西武新宿
West Exit 西出口
Shinjuku-nishiguchi 新宿西口
Mode Gakuen Cocoon Tower Mode学园虫茧大楼
NISHI-SHINJUKU 西新宿
Kōshū-kaidō 甲州街道
YOYOGI 代代木
SHIBUYA-KU 涩谷区
Minami-Shinjuku 南新宿
KITA-SHINJUKU 北新宿
Ōme-kaidō 青梅街道
Kita-dōri 北通り
Tokyo Metropolitan Government Building Tourist Information Center 东京都厅舍旅游信息中心
Season Rd
Gijido-dōri 議事堂通り
Nishi-shinjuku 西新宿
Shinjuku I-Land 新宿I-Land 3
Tochōmae 都厅前
Tokyo Metropolitan Government Building 东京都厅舍 1
Shinjuku NS Building 新宿NS大楼
One Day's St
Park Hyatt Tokyo 东京柏悦酒店
Shuto Expwy No 4 首都4号高速公
Kōen-dōri 公園通り
Kita-dōri 北通り
Shinjuku Chūō-kōen 新宿中央公园
Minami-dōri 南通り
0
400 m

SEAN PAVONE / SHUTTERSTOCK ©

新宿御苑

景点

东京都厅舍

知名建筑

1 见118页地图，B3

东京权力机关所在的建筑竣工于1991年，由丹下健三设计。它非常醒目，看上去有点儿像是像素化的大教堂或是动画片里的坏蛋老巢。从第一本厅舍的底层乘电梯前往202米高的双塔观景台，可以将城市风光一览无余（事实上从两座大楼望出去的景致是一样的）。在天气晴朗的日子里（上午最佳），向西可以远眺富士山。[Tokyo Tochō, 東京都庁; www.metro.tokyo.jp/english/offices/observat.htm; 新宿区西新宿 2-8-1; 观景台 9:30~23:00; S 大江户线至都厅前（Tochōmae），A4出口]

新宿御苑

公园

2 见118页地图，E4

尽管新宿御苑是作为皇家庭园设计的（建成于1906年），但是现在已彻底变成一座向所有人开放的公园。宽阔的草坪使它成了想尽快逃离都市喧嚣生活的市民最喜爱的去处。不要错过最近才翻修过的温室，里面有巨型睡莲和精心培育的兰花，春季还可以在御苑欣赏樱花。[Shinjuku-gyoen; 3350-0151; www.env.go.jp/garden/shinjukugyoen; 新宿区内藤町（Naito-chō）11; 成人/儿童 ¥200/50; 周二至周日 9:00~16:30; S 丸之内线至新宿御苑前（Shinjuku-gyoenmae），1出口]

独家贴士

新宿寻路

即便是东京当地人，也很有可能在新宿站乱了方寸。跟着人潮看似天经地义，但想要前往自己选定的目的地，你得先在站台上苦苦思索一番。一定要确保选对了出口，否则的话就可能到了新宿的另一边，不得不绕着巨大的火车站走上好久。

新宿I-Land

公共艺术

3 见118页地图，B2

新宿I-Land（1995年竣工，但设计之初经济泡沫尚未破裂）不只是普通的综合办公楼，这里还陈设有多件公共艺术作品，包括罗伯特·印第安纳（Robert Indiana）的雕塑*Love*，以及两座由罗伊·利克滕斯坦（Roy Liechtenstein）创作、名为《东京的笔触》（*Tokyo Brushstroke*）的雕塑。庭院内装饰着朱利奥·保利尼（Giulio Paolini）的石雕作品，另有几家价格合理的餐馆，可以在这里稍作停留，享用诱人的午餐或咖啡。（Shinjuku I-Land；新宿区西新宿 6-5-1；S丸之内线至西新宿）

花园神社

神道教神社

4 见118页地图，D1

神社建于17世纪，供奉掌管丰产和财富的稻荷神（Inari）。白天时，歌舞伎町的商人会到这座神社祈求生意兴隆。而在夜间，从附近酒吧里出来的人们会不顾注意举止的告示牌，到神社的台阶上饮酒取乐。通常神社还会在周日举办跳蚤市场。（Hanazono Jinja，花園神社；www.hanazono-jinja.or.jp；新宿区西新宿 5-17-3；24小时；S丸之内线至新宿三丁目，B10和E2出口）

Thermae-yu

温泉

5 见118页地图，D1

歌舞伎町的改头换面证明红灯区早已过时，这座于2016年开业、光彩熠熠的温泉浴场就是最好的例子。室内外的几个浴池（分性别）注满真正的天然温泉水。这里还有几个桑拿浴室，以及一处岩盘浴（ganbanyoku；另收¥810）。不接待文身者。（テルマー湯；03-5285-1726；www.thermae-yu.jp；新宿区歌舞伎町 1-1-2；工作日/周末和节假日 ¥2360/2690；11:00至次日9:00；JR山手线至新宿，东出口）

就餐

吞者家

居酒屋 ¥

6 见118页地图，E2

自1979年开业至今，红色仿皮凳子、照明用的纸灯笼，以及墙上的手写菜单，都使它成为昭和时代（1926~1989年）居酒屋的典范。食物既经典（烤鱼和炸鸡）又新颖，店里的招牌菜包括纳豆饺子（natto gyoza）和奶油烤麻薯（mochi）。极好的清酒按品尝套装售卖，相当实惠。（Donjaca；03-3341-2497；新宿区新宿 3-9-10；菜肴 ¥350~850；17:00至次日

7:00；🄔；S 丸之内线至新宿三丁目，C6出口）

中嶋

怀石料理 ¥

7 见118页地图，D2

晚上，这家米其林星级餐馆会供应精致的怀石料理。而在工作日，这里也以一折的低价供应沙丁鱼（iwashi）午餐套餐，经过餐厅大厨们的巧手制作，这些普通的沙丁鱼都很美味。上午11点半开门前，等候买午餐的人们就已经开始排队了。留意楼梯上方的白色招牌。（Nakajima；☎03-3356-4534；www.shinjyuku-nakajima.com；新宿区新宿 3-32-5 地下层；午餐/晚餐 ¥800/8640起；⏰周一至周六11:30~14:00和17:30~22:00；🚭 🄔；S 丸之内线至新宿三丁目，A1出口）

梢

日本料理 ¥¥¥

8 见118页地图，A4

精致的应季日本料理、手工制作的陶器，以及透过落地窗便能俯瞰到的新宿地区全景，这个组合可谓无与伦比。（穿着和服的）员工会讲英语，餐馆充分考虑到食客的个人喜好和是否会对食物过敏，一丝不苟的食客选这里大快朵颐算是来对了地方。必须预订。（Kozue；☎03-5323-3460；tokyo.park.hyatt.jp/en/hotel/dining/Kozue.html；新宿区西新宿 3-7-1-2 Park Hyatt 40层；午餐套餐 ¥2850~12,400，晚餐套餐 ¥12,400~27,300；⏰11:30~14:30和17:30~21:30；🚭 🄔；S 大江户线至都厅前，A4出口）

沼津港

寿司 ¥

9 见118页地图，D2

新宿最好的回转寿司店，迂回的坐台相当长，菜品也十分丰富。这里比大部分同类店铺要贵一些，但是物有所值。极高的人气也意味着很少有菜品能在传送带上待很久，如果实在等不到想吃的东西，你也可以用菜单点菜。不想吃得太饱的话，这里是个不错的选择。（Numazukō；新宿区西新宿 3-34-16；一碟 ¥100~550；⏰11:00~22:30；🚭 📶 🄔；🚆JR山手线至新宿，东出口）

纲八

天妇罗 ¥¥

10 见118页地图，D2

这家有90多年历史的餐馆烹制的炸虾和时鲜蔬菜非常专业，是个了解天妇

独家贴士

吃顿便餐

如果你想要随便吃点东西——又不想直面行人如织的街道——可以前往新宿站内及周边购物中心的顶楼，这些地方都有美食广场。从新南出口（New South exit）出站可以到**高岛屋时代广场**[Takashimaya Times Square，高島屋タイムズスクエア；新宿区千驮谷（Sendagaya）5-24-2；⏰11:00~23:00；🚆JR山手线至新宿，新南出口]，这里的美食广场堪称最佳。

罗烹饪艺术的绝佳场所（有中文菜单）。套餐（午餐时段的特价套餐除外）的菜品会一道道呈上，因此每一道都是新鲜出锅，口感爽脆。入口处挂着靛蓝色的门帘（noren）。（Tsunahachi，つな八；☎03-3352-1012；www.tunahachi.co.jp；新宿区新宿3-31-8；午餐/晚餐 ¥1512/2484起；⏰11:00~22:30；🚭📄；🚉JR山手线至新宿，东出口）

饮品

Ben Fiddich 鸡尾酒吧

11 见118页地图，C2

走进这里就像进入了魔法世界：灯光昏暗，面积局促，架子上摆着盛满各种酒的瓶瓶罐罐，天花板上悬挂着晾干的草药。酒吧里还播放着或婉转或高亢的古典音乐。调酒师鹿山博康（Kayama Hiroyasu）穿着白色西装，举止就像是个魔术师。这里没有菜单，鸡尾酒约¥1500起，服务费为10%。（ベンフィディック；☎03-6279-4223；新宿区西新宿 1-13-7 9层；⏰周一至周六 18:00至次日3:00；🚉JR山手线至新宿，西出口）

TAKAMEX / SHUTTERSTOCK ©

Beams（见125页）

Zoetrope 酒吧

12 见118页地图，C1

对喜欢威士忌的人来说，Zoetrope可是必访之处，这里的小吧台后面有多达300种日本威士忌——甚至包括酒徒们膜拜的秩父蒸馏所（Chichibu Distillery）出产的一些稀有品种。老板会讲英语，而且能帮你在令人生畏的酒水单里做选择。入场费¥1000；威士忌每杯¥400~19,000，但多数价格合理。（ゾートロープ；新宿区西新宿 7-10-14 3层；⏰周一至周六 19:00至次日4:00；📄；🚉JR山手线至新宿，西出口）

New York Bar 酒吧

13 见118页地图，A4

上到柏悦酒店的52楼，透过这家酒吧的落地窗欣赏一览无余的绝美夜景[酒吧因在电影《迷失东京》（*Lost in Translation*）中出现过而名噪一时]。晚上20:00（周日为19:00）以后要收取¥2400的入场费，早些去还可以欣赏夜幕降临的景象。鸡尾酒每杯¥2000起。需要注意的是，有着装要求和20%的服务

了解当地

卡拉OK

卡拉OK（カラオケ；读作kah-rah-oh-kay）并不陌生，在它的发源地日本，这还是当地人放浪形骸的借口、培养感情的仪式、末班车之后继续狂欢的理由，以及等待清晨第一班车时消磨时间的方式。言语失去力量的时候，它还是一种自我表达的途径：你是比较爱唱最新的日本流行金曲（包括舞蹈动作），还是对冲绳民歌情有独钟呢？只要用心，唱得好不好无关紧要。

当地的卡拉OK一般在一间私密的包房里开唱，费用通常按每人每半小时计费。服务人员会把饮料和食品（通过电话点单）端进包房。通过触摸屏搜索歌星或歌名来选歌；多数设备都有英语界面，可供选择的中、英文歌曲数目也相当多。想在新宿唱卡拉OK的话，不妨找找卡拉OK馆（Karaoke-kan，カラオケ館）和必爱歌（Big Echo，ビッグエコー）等大型连锁店的分店。

费。（ニューヨークバー；☎03-5323-3458；http://tokyo.park.hyatt.com；新宿区西新宿3-7-1-2 Park Hyatt 52层；⏲周日至周三 17:00至午夜，周四至周六 至次日1:00；📋；🚇大江户线至都厅前，A4出口）

娱乐

Shinjuku Pit Inn
爵士乐

14 ⭐ 见118页地图，E2

Shinjuku Pit Inn可不是那种人们扯着嗓子聊天盖过音乐声地方。在这里可以欣赏到日本最好的爵士乐手演出（东京的爵士乐兴起已有半个世纪了）。工作日的日场有年轻的艺术家表演，入场费仅¥1300。（新宿ピットイン；☎03-3354-2024；www.pit-inn.com；新宿区新宿 2-12-4 地下层；入场费 ¥3000起；⏲日场 14:30，夜场 19:30；S丸之内线至新宿三丁目，C5出口）

东京歌剧城音乐厅
古典音乐

15 ⭐ 见118页地图，A4

这座“A”字形结构的音乐厅非常漂亮，有橡木板装饰，音效出色。这里是东京爱乐乐团（Tokyo Philharmonic Orchestra）及其他知名团体的演出场地，偶尔也有舞乐（bugaku；日本传统音乐）团体献艺。每月有一次午餐时间管风琴演奏，通常是在周五，可以免费欣赏。东京歌剧院画廊（Tokyo Opera City Art Gallery）入口旁的售票处出售演出门票，也提供演出信息。[Tokyo Opera City Concert Hall，東京オペラシティコンサートホール；☎03-5353-9999；www.operacity.jp；新宿区西新宿 3-20-2，Tokyo Opera City 3楼；

了解当地

今日东京

东京在其400余年的历史中曾经历了无数次的重新定位。2020年夏季奥运会即将举办，东京准备以此为契机，将自身打造成更环保、更友好的城市。考虑到不见起色的经济现状和劳动人口的不断缩减，这一规划并非易事。那么，东京真的能再次脱胎换骨吗？

2020年东京奥运会

2013年，东京即将举办2020年奥运会的消息一经宣布，整座城市便进入到大张旗鼓的筹备阶段。1964年东京夏季奥运会（首次在亚洲举办的奥运会）成了这座城市完全走出“二战”阴影的标志，东京当局希望2020年奥运会能够再一次成为城市持续发展的重大契机。东京湾作为届时多项赛事的举办地，周围的开发规模居东京之首。其他积极的变化也开始显现：增修无障碍设施、更准确的英语标识和旅游信息，以及覆盖广阔的Wi-Fi网络。

未来城市

2020年还将发生其他的变化：尽管日本的人口自21世纪初便开始下降，但根据预测，东京人口将在2020年达到峰值，随后仍会回落。东京的出生率仅为1.1%，为全日本最低（全国平均出生率为1.4%）。虽然劳动人口正在减少，但日本整体上仍对移民持小心谨慎的态度。中央政府已经号召更多女性投入工作以增加劳动力，也鼓励家庭多多生育。然而常驻东京的人们在社交媒体上表示，政府的努力将归于徒劳：居高不下的生活成本，过长的工作时间，加上连进幼儿园都要排号的事实，都意味着有些东西是不得不放弃的。

东京的再开发方案致力于打造一座更适宜居住和工作的魅力城市，为此政府会新增老年人工作中心和面向外国企业的经济特区，当然，还有更多的儿童托管设施。如果这些方案都能够实现，东京或将成为未来城市发展的楷模。但对于东京人来说，发展不可能来得那么快。那政府的备选方案是什么呢？把东京居民迁往乡村地区，还有——机器人。

¥3000~5000; 🚉京王新线(Keiō New line)至初台(Hatsudai)]

购物

伊势丹

百货商店

16 🛍 见118页地图, D2

大多数百货商店的品位都趋向保守,这家却是个例外。如果想要看看更新频繁、由崭露头角的日本女装设计师设计的系列商品,可以去Tokyo Closet(2楼)和Re-Style(3楼)精品店。男性顾客也有专属的一整栋楼(由连廊连接)。不要错过地下的美食城,那里有一些日本知名的甜食和美食品牌柜台。(Isetan,伊勢丹; www.isetan.co.jp; 新宿区新宿 3-14-1; ⏲10:00~20:00; Ⓢ丸之内线至新宿三丁目,B3、B4和B5出口)

Beams

时装和饰品

17 🛍 见118页地图, D2

全国连锁精品店Beams已成了日本的一股文化力量。这座多楼层的店铺位于新宿,特别适宜购买日本最新街头潮牌,以及被设计师赋予现代风格的传统衣装(有男装、女装和中性装)。有时还出售工艺品、家居用品和原创艺术品,货架上的商品总在更新。(ビームス; www.beams.co.jp; 新宿区新宿 3-32-6; ⏲11:00~20:00; 🚉JR山手线至新宿,东出口)

Bicqlo

服饰、电子产品

18 🛍 见118页地图, D2

这家混搭的店铺把日本最受欢迎的两大零售商——电子产品供应商Bic Camera和快销服装连锁店优衣库——聚集在了同一个屋檐下。因此你可以在这里买台新相机,再找件适合搭配它的新帽衫。建筑外观为鲜亮的白色,十分醒目。(ビックロ; 新宿区新宿 3-29-1; ⏲10:00~22:00; Ⓢ丸之内线至新宿三丁目,A5出口)

顶级景点

吉卜力美术馆（Ghibli Museum）

到达和离开

从新宿乘坐JR中央线（Chūō Line）至三鹰站（Mitaka）。南出口处的9路公共汽车站有前往美术馆的接驳巴士（往返/单程¥320/210；每20分钟1班，9:00~19:00）。

自1986年起，动画大师宫崎骏（Miyazaki Hayao）和他的吉卜力工作室（三鷹の森ジブリ美術館）陆续制作出多部日本乃至全世界最受欢迎的动画电影。这座美术馆由宫崎骏亲自设计，让人联想到影片中梦幻般的蒸汽朋克氛围。唯一的麻烦在于：必须提前买票，而且必须选择参观的具体日期和时间。暑假期间门票会很快售罄，你可以通过旅行社提前3个月订票，也可以考虑通过如飞猪或携程等网站预订。

了解吉卜力

如果你只看过一部吉卜力工作室的电影，那么它很有可能是2001年出品的《千与千寻》，这部电影曾获得奥斯卡最佳动画长片的殊荣（获得奥斯卡奖的唯一一部日本动画电影、唯一一部手绘动画电影）。来到这里就有机会深入探索吉卜力的世界：整座美术馆就是一个异想天开的工作室，里面摆满了宫崎骏汲取灵感的各类书籍和艺术品。馆内还有一个小剧场，放映只能在这里观看的原创动画短片（入场时可以获取电影票）。

遇见新老朋友

如果你是一名童心未泯的旅行者，吉卜力美术馆绝对不虚此行。举个例子来说，你可以透过一道小窗看到小小的"灰尘精灵"（在《千与千寻》中出现过）。一道螺旋楼梯通往刻意令其杂草丛生的屋顶露台，那里有一座《天空之城》（1986年）里的机器人士兵雕塑，高达5米。对于孩子们（和已经长大的孩子们）来说，经典影片《龙猫》（1988年）中龙猫巴士的巨大复制品是一大亮点，可供爬上爬下。

附近：井之头公园

吉卜力美术馆位于**井之头公园**[Inokashira-kōen，井の頭公園；www.kensetsu.metro.tokyo.jp/seibuk/inokashira/index.html；武蔵野市御殿山（Gotenyama, Musashino-shi）1-18-31；🚉JR中央线至吉祥寺（Kichijōji），公园出口]的一角，可以步行穿过这座秀美的公园到吉祥寺站（也在JR中央线上），而不必返回三鹰站。走完全程约30分钟，路上有英语标识。途中会经过一处湖泊，湖心岛上的古老神社供奉着海之女神弁才天（Benzaiten）。

www.ghibli-museum.jp

三鷹市下連雀（Shimo-Renjaku, Mitaka-shi）1-1-83

成人¥1000，儿童¥100~700

🕘10:00~18:00，周二闭馆

🚉JR中央线至三鹰，南出口

☑ 独家贴士

- 针对海外参观者的购票网站是（https://l-tike.com/st1/ghibli-en/sitetop），购票后直接打印电子票即可，但数量相当有限。
- 采用实名制入场，预约人务必携带身份证明文件。

吃喝落脚点

逛完美术馆后，可以顺道去井之头公园中的**Pepa Cafe Forest**[ペパカフェフォレスト；www.peppermintcafe.com/forest；三鷹市井の頭（Inokashira, Mitaka-shi）4-1-5；主菜¥830起；🕘正午至22:00；🚭📋；🚉JR中央线至吉祥寺，公园出口]吃泰国菜。美术馆里也有咖啡馆供应有机蔬菜午餐，常需排队。

探索

后乐园和神乐坂

后乐园位于皇居西北部，不在主要的游览路线上，但也有不少迷人的景点，包括风景优美的小石川后乐园（如图）和备受争议的靖国神社。附近的神乐坂曾是艺伎区，如今则有众多的商店和咖啡馆，是个闲游的好去处。棒球迷们一定不要错过东京巨蛋里的盛大比赛。

一日游行程

早晨去宁静的传统庭园**小石川后乐园**（见131页）漫步，之后走到（也可以乘地铁大江户线）展现东京百年前风情的魅力街区神乐坂。在**Kado**（见133页）吃午饭，再到**Mugimaru 2**（见134页）喝茶。这里还有许多值得一逛的精品店。

沿着与皇居护城河平行的外堀通（Sotobori-dōri）漫步至九段北。这里有两处颇具争议的景点：**靖国神社**（见132页）和与其毗邻、展示日本战争史的**游就馆**（见132页）。如果对日本历史（或亚洲地缘政治）感兴趣，可以到这里看看。爱书之人则应该去神保町。

东京巨蛋城提供了最佳夜晚娱乐的场所。理想情况下，如果你在棒球赛季来访，最好提前买好**东京巨蛋**（见135页）巨人队的比赛票。不然的话，就去**Spa LaQua**（见131页）泡温泉打发时间，或者到**东京巨蛋城游乐园**（见132页）坐趟过山车。这里还有许多餐厅可做晚餐选择。

东京最佳

就餐

Kado（见133页）

寺庙和神社

赤城神社（见132页）

公园和庭园

小石川后乐园（见131页）

娱乐

东京巨蛋（见135页）

温泉和钱汤

Spa LaQua（见131页）

到达和离开

火车 东西向的JR总武线经停饭田桥（Iidabashi；前往神乐坂）和水道桥（Suidōbashi；前往后乐园）。

S 地铁 便利的地铁站点包括饭田桥（南北线、有乐町线、东西线、大江户线）、后乐园（南北线和丸之内线）、神乐坂（东西线）和九段下（Kudanshita；半藏门线、东西线和新宿线）。

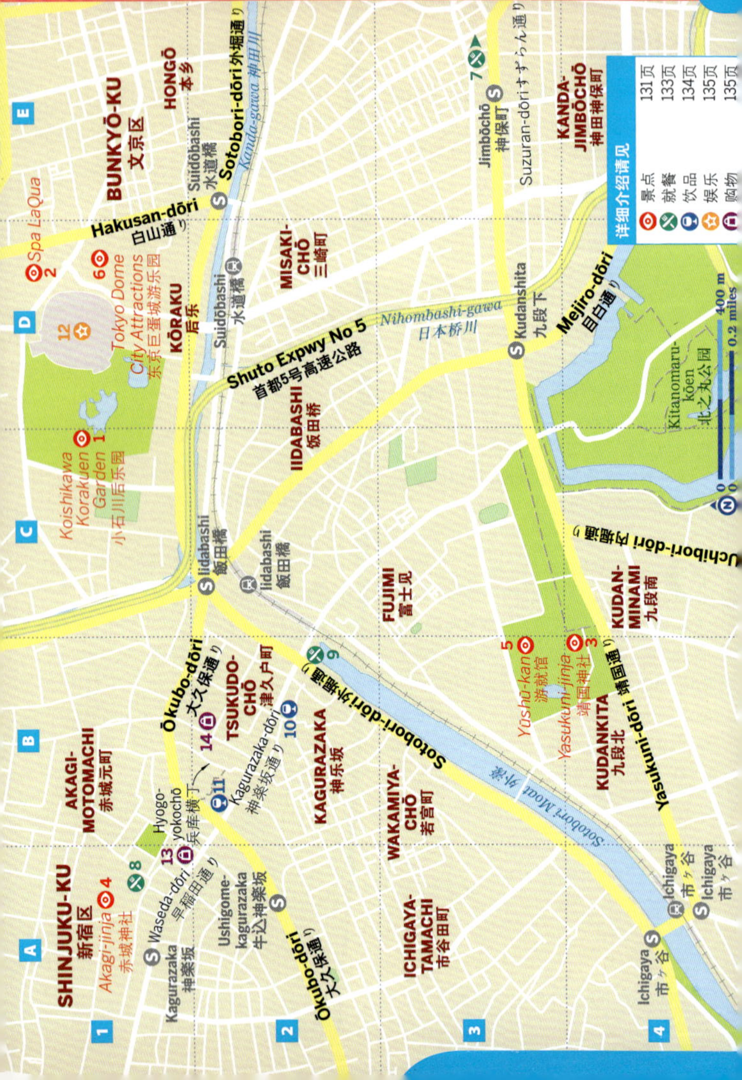
A
B
C
D
E
1
2
3
4
SHINJUKU-KU 新宿区
BUNKYŌ-KU 文京区
HONGŌ 本乡
KŌRAKU 后乐
IIDABASHI 饭田桥
MISAKI-CHŌ 三崎町
KANDA-JIMBŌCHŌ 神田神保町
FUJIMI 富士见
KUDAN-MINAMI 九段南
KUDANKITA 九段北
KAGURAZAKA 神乐坂
TSUKUDO-CHŌ 津久户町
AKAGI-MOTOMACHI 赤城元町
WAKAMIYA-CHŌ 若宫町
ICHIGAYA-TAMACHI 市谷田町
Spa LaQua
Tokyo Dome City Attractions 东京巨蛋城游乐园
Koishikawa Korakuen Garden 小石川后乐园
Yūshū-kan 游就馆
Yasukuni-jinja 靖国神社
Akagi-jinja 赤城神社
Kitanomaru-kōen 北之丸公园
Hyogo-yokochō 兵库横丁
Hakusan-dōri 白山通り
Sotobori-dōri 外堀通り
Kanda-gawa 神田川
Shuto Expwy No 5 首都5号高速公路
Nihombashi-gawa 日本桥川
Mejiro-dōri 目白通り
Uchibori-dōri 内堀通り
Yasukuni-dōri 靖国通り
Suzuran-dōri すずらん通り
Ōkubo-dōri 大久保通り
Kagurazaka-dōri 神楽坂通り
Waseda-dōri 早稲田通り
Sotobori Moat 外濠
Suidōbashi 水道橋
Iidabashi 饭田桥
Jimbōchō 神保町
Kudanshita 九段下
Ichigaya 市ヶ谷
Kagurazaka 神楽坂
Ushigome-kagurazaka 牛込神楽坂
400 m
0.2 miles
详细介绍请见
景点 131页
就餐 133页
饮品 134页
娱乐 135页
购物 135页

OGIYOSHISAN / GETTY IMAGES ©

在神保町逛书店(见132页)

景点

小石川后乐园

庭园

1 见130页地图, C1

这座规整的回游式庭园建于17世纪中叶,原本是德川家的私产。它融合了中日两国的造景元素,十分精致。虽然现在的借景还包括了与之并不相称的东京巨蛋(见135页),但这座庭园仍是东京最有吸引力的庭园之一。[Koishikawa Korakuen Garden, 小石川後楽園; 03-3811-3015; http://teien.tokyo-park.or.jp/en/koishikawa; 文京区後楽(Bunkyō-ku, Kōraku)1-6-6; 成人/儿童¥300/免费; 9:00~17:00; JR总武线至饭田桥, C3出口]

Spa LaQua

温泉

2 见130页地图, D1

这家别致的水疗会所使用的是来自地下1700米深处的天然温泉水,而它也是东京为数不多可以享受真正温泉的地方之一。这里设有室内浴池、露天浴池和桑拿浴室;提供各式各样的附加服务,比如韩式全身去角质按摩(akasuri)。总而言之,这里是一个体验日式康体按摩和美容服务的好地方。[スパ ラクーア; 03-5800-9999; www.laqua.jp; 文京区春日(Kasuga)1-1-1 东京巨蛋城 5~9层; 门票 平日/周末¥2635/2960; 11:00至次日9:00; S 丸之内线至后乐园, 2出口]

当地生活

神保町书街

神保町(Jimbōchō；千代田区神田神保町；S半藏门线至神保町，A1、A6或A7出口)有170多家出售新书和二手书的书店。摇摇欲坠的书垛中各种书籍应有尽有，你会从中发现古老的吉原(Yoshiwara)欢乐街指南，或是心仪交响曲字迹模糊的乐谱。这里还有许多咖啡馆和日式咖喱餐厅。日本的爱书之人认为咖喱是最完美的餐食，因为它可以用勺子来吃(这样就可以腾出一只手来翻书)。

靖国神社

神道教神社

3 见130页地图，B4

靖国神社的字面意思是“祈求国家和平的神社”，它是日本纪念战争死难者的神社，供奉的“英灵”大约为250万。这座竣工于1869年的神社存在极大的争议：1979年，包括“二战”时的日本将军东条英机在内的14名甲级战犯被供奉于此，引起了轩然大波。主入口前有一座25米高、由钢铁和青铜铸成的鸟居。[Yasukuni-jinja；☎03-3261-8326；www.yasukuni.or.jp；千代田区九段北(Kudan-kita)3-1-1；⏲6:00~17:00；S半藏门线至九段下，1出口]

赤城神社

神道教神社

4 见130页地图，A1

神乐坂的地标神社，外观与东京其他传统神社大为不同。2010年，这座有着几百年历史的神社在日本著名当代设计师隈研吾的指导下进行了翻天覆地的改建，结果便有了如今玻璃盒造型的优美主殿。[Akagi-jinja；☎03-3260-5071；www.akagi-jinja.jp；新宿区赤城元町(Akagi-Motomachi)1-10；S东西线至神乐坂，1出口]

游就馆

博物馆

5 见130页地图，B3

日本的大部分历史博物馆都会回避战争问题，或者偏重于平民的困苦。但是这里并非如此：游就馆的展览始于日本的武士传统，终于其在“二战”中的失败。馆内的展览毫无悔意，呈现的历史观引发一些参观者的愤慨。(Yūshū-kan，遊就館；☎03-3261-8326；www.yasukuni.or.jp；千代田区九段北 3-1-1；成人/学生¥800/500；⏲9:00~16:00；S半藏门线至九段下，1出口)

东京巨蛋城游乐园

游乐园

6 见130页地图，D1

这座游乐园就在东京巨蛋(见135页)边上，里面最有吸引力的是Thunder Dolphin(¥1030)，这个过山车会穿过闹市区的密集建筑，非常紧张刺激。这里也有很多适合儿童搭乘的游乐设施。你可以分别购买单个游乐设施的票，或买日间通票、夜间通票(17:00之后使用)，以及一种可用于5种设施的通票(¥2600)。(Tokyo Dome City Attractions，東京ドームシティアトラクションズ；☎03-3817-6001；

www.tokyo-dome.co.jp/e/attractions；文京区後楽 1-3-61；日间通票 成人/儿童/青少年¥3900/2100/3400；⏲10:00~21:00；👪；🚉JR中央线至水道桥，西出口）

就餐

Ethiopia
日本料理 ¥

7 🍴 见130页地图，E3

在书卷气十足的神保町，日本咖喱咖啡馆再常见不过，竞争也十分激烈。这家美妙的复古餐馆可谓是纵横多年的业内翘楚，供应大份套餐和肉类与蔬菜咖喱，口味可以从一点不辣到辣得嘴巴发烫。在入口处的机器上点单。[エチオピア；☎03-3295-4310；千代田区神田小川町（Kanda-ogawamachi）3-10-6；咖喱 ¥900起；⏲周一至周五 11:00~22:00，周六和周日 至20:30；📄；S半藏门线至神保町，A5出口]

Kado
日本料理 ¥¥

8 🍴 见130页地图，A1

Kado位于一栋门口挂着白灯笼的老木屋内，专门经营家庭料理（katei-ryōri）。晚餐供应的是用应季食材烹制的套餐，比如烤鹌鹑或者蟹肉汤。午餐没有英文菜单，因此最好选择每日的招牌——カド定食（kado teishoku）。晚餐要求预订。（カド；☎03-3268-2410；http://kagurazaka-kado.com；新宿区赤城元町 1-32；午餐/晚餐 套餐 ¥800/3150起；⏲11:30~14:30和17:00~23:00；🚭📄；🚉东西线至神乐坂，1出口）

Canal Cafe
意大利菜 ¥¥

9 🍴 见130页地图，B2

这家餐馆坐落在一条沿北之丸公园（Kitanomaru-kōen）外侧静静流淌的护

了解当地

靖国神社的争议

靖国神社建于明治时期，用以纪念为明治维新捐躯的人们。之后这里逐渐成为供奉包括军人和平民在内所有战死者的神社，1978年，14名甲级战犯牌位的移入引起轩然大波。

1946年，在美国占领军的要求下，日本实行了政教分离，靖国神社的管理权被移交给私人宗教社团。如今，日本的政治领袖仍不时参拜靖国神社，尤其是在“二战”结束的周年纪念日，这一举动已经激起在日本20世纪侵略战争中蒙受巨大损失的邻国的强烈愤慨。因此，在任首相是否参拜神社被看作是其政治主张的重要风向标，在东亚地区受到密切关注。日本天皇自1978年后就再没有参拜过靖国神社。

城河畔，可谓是东京最佳的露天用餐场所之一。这里供应可口的柴火烤比萨、海鲜意面和烤肉，也可以去另一侧的“甲板”（deck side）上，享用自助三明治、松糕或咖啡。（カナルカフェ；☎03-3260-8068；www.canalcafe.jp；新宿区神楽坂1-9；午餐¥1600起，晚餐 主菜 ¥1500~2800；⏰周二至周六 11:30~23:00，周日 至21:30；🚭 🍴 📋；🚉JR总武线至饭田桥，西出口）

饮品

Craft Beer Server Land 精酿啤酒

10 🍷 见130页地图，B2

供应约14种日本精酿啤酒，每杯¥500，每品脱¥840，价格非常合理，另供应美味小食（炸鱼薯条相当好）。这家酒吧位于地下室，灯光明亮，有实木家具，隐隐透着一股北欧风情，深得顾客青睐。（☎03-6228-1891；新宿区神楽坂2-9大川ビル 地下1层；服务费¥380；⏰周一至周五 17:00至午夜，周六和周日 正午至午夜；📶；🚉JR总武线至饭田桥，西出口）

Mugimaru 2 咖啡馆

11 🍷 见130页地图，B2

这栋爬满常春藤的老房子魅力十足，店主待客热情，养着两三只猫。座位就是地上的垫子，热腾腾、软乎乎的包子（manjū）是店里特色。（ムギマル2；☎03-5228-6393；www.mugimaru2.com；新宿区神

PETR SVARC / IMAGEBROKER / AGE FOTOSTOCK ©

东京巨蛋（见135页）的棒球比赛

了解当地

神乐坂

20世纪初，神乐坂（Kagurazaka）曾是时髦人士出入的花街——有艺伎助兴的娱乐区。如今艺伎已经几乎消失不见，然而这个街区却依然保留着几十年前的风情与魅力。除了蜿蜒的鹅卵石街道，这里还能看到一些舒适的咖啡馆。现在的神乐坂已成为东京最佳餐饮目的地和高人气漫步场所。

要探访最迷人的后街小巷，可以从饭田桥站出发，沿神乐坂通（Kagurazaka-dōri）上坡，并在Royal Host餐馆那里右转。不要错过兵库横丁（Hyōgo-yokochō，兵庫横丁），这是神乐坂历史最悠久的小巷，也是最有气氛的地方——常有电视剧和电影在此取景。

楽坂 5-20；咖啡 ¥550；⏲周四至周二 正午至20:00；📋；S 东西线至神乐坂，1出口）

娱乐

东京巨蛋　棒球

12 ☆ 见130页地图，D1

东京巨蛋是读卖巨人队（Yomiuri Giants）的主场。不管是爱是恨，这支球队一直都是日本棒球界最成功的一支队伍。如果想看巨人队的比赛，棒球赛季从3月底持续到10月底。球票很早就会售罄，可以提前在网站www.giants.jp/en上购买。（Tokyo Dome，東京ドーム；www.tokyo-dome.co.jp/e；文京区後楽 1-3；票价 ¥2200~6100；🚉JR中央线至水道桥，西出口）

购物

梅花亭　食品

13 🔒 见130页地图，A1

这家曾经获奖的传统甜品店于1935年开业，可以到这里看看（以及品尝）不起眼的豆子和米饭搅拌之后如何制成五颜六色的花朵状点心。店外有蓝色门帘。（Baikatei；☎03-5228-0727；www.baikatei.co.jp；新宿区神楽坂 6-15；⏲10:00~20:00，周日 至19:30；S 东西线至神乐坂，1出口）

Kukuli　工艺品

14 🔒 见130页地图，B2

神乐坂几家主打传统工艺品的商店之一，出售略带现代风格的手染纺织品（如围巾和茶巾）。[くくり；☎03-6280-8462；www.kukuli.co.jp；新宿区築土町（Tsukudo-chō）1-10；⏲11:00~19:00；🚉JR山手线至饭田桥，西出口]

当地生活
秋叶原的下午

到达和离开

🚆JR山手线和总武线经停秋叶原站（Akihabara Station），电器街（電気街口）出口最方便。

S 日比谷线经停秋叶原，从3出口出站。

秋叶原（简称“Akiba”）是东京御宅族（otaku）亚文化的中心，但游览这一新奇的街区绝不是动漫迷的专享，这里同样可以给予你大量的感官刺激和文化思考。事实上，随着御宅族亚文化对于主流文化的影响不断加深，秋叶原也正吸引着越来越多摒弃陈习陋见的旅行者。

❶ 探索电器街

成为御宅圣地前，秋叶原主售平价电子产品，当年的极客常在此淘电脑部件。**秋叶原无线电中心**[Akihabara Radio Center, 秋葉原ラジオセンター; 千代田区外神田(Soto-Kanda)1-14-2; ⏲通常10:00~18:00; 🚉JR山手线至秋叶原，电器街出口]坐落在高架铁路桥下，内有许多摊位，仍保持从前传统。

❷ 打局复古街机游戏

超级土豆复古电玩店(Super Potato Retro-kan, スーパーポテトレトロ館; www.superpotato.com; 千代田区外神田1-11-2; ⏲周一至周五 11:00~20:00，周六和周日 10:00开始营业; 🚉JR山手线至秋叶原，电器街出口)拥有一些老式游戏机，还能看到怀旧感十足的游戏影像。

❸ 到女仆咖啡馆看看

女仆咖啡馆一直是秋叶原的一大特色，女服务员们身着法式女仆装，用银铃般的声音称呼客人为"主人"(go-shujinsama)或"小姐"(o-jōsama)。走进**@Home Cafe**(@ほぉ~むカフェ; www.cafe-athome.com; 千代田区外神田 1-11-4 4~7楼; 饮品 ¥500起; ⏲周一至周五 11:30~22:00，周六和周日 10:30~22:00; 🚉JR山手线至秋叶原，电器街出口)，和"女仆"们玩玩石头剪刀布(moe moe jankan)的游戏吧。

❹ 投身Mandarake Complex

想知道御宅族究竟喜好什么，去趟**Mandarake Complex**(まんだらけコンプレックス; www.mandarake.co.jp; 千代田区外神田 3-11-12; ⏲正午至20:00; 🚉JR山手线至秋叶原，电器街出口)就明白了。这家店共有8层，堆满了漫画书和DVD，还有手办等各种周边商品。

❺ 逛逛友都八喜秋叶原店

友都八喜秋叶原店[Yodobashi Akiba, ヨドバシカメラAkiba; www.yodobashi-akiba.com; 千代田区神田花岡町(Kanda Hanaoka-chō)1-1; ⏲9:30~22:00; 🚉JR山手线至秋叶原，昭和通(Shōwa-tōriguchi)出口]是秋叶原无线电中心的现代化身，这家庞大的电子产品商店深得相机迷的喜爱。但如果撇开现代化的便利设施不谈，这里与旧时的市场并无两样。

❻ 在老车站采买

集购物与餐饮于一身的**mAAch ecute**[マーチ エキュート; www.maach-ecute.jp; 千代田区神田須田町(Kanda-Sudachō)1-25-4; ⏲周一至周六 11:00~21:00，周日 至20:00; 🚉中央线或总武线至秋叶原，电器街出口]由位于万世桥(Mansei-bashi)的老车站和铁道拱廊精心改造而成，这里出售来自日本各地的家居用品、时装和美食。

❼ 拜访电车迷的咖啡馆

虽然mAAch ecute与御宅族看似没有关联，但位于2楼的咖啡馆**N3331**(☎03-5295-2788; n3331.com; 千代田区神田須田町 1-25-4 mAAch ecute 2楼; ⏲周一至周六 11:00~22:30，周日 至20:30; 🚉JR山手线至秋叶原，电器街出口)却吸引着"电车御宅族"(densha otaku)前来。可以一边啜饮着咖啡、精酿啤酒或清酒，一边透过落地窗感受通勤列车飞驰而过。

上野和谷根千

上野是东京的文化中心。这里的中央公园——上野公园（如图）内坐落着全城密度最高的博物馆群，东京国立博物馆便在此地。与公园毗邻的街区谷中、根津与千驮木并称谷根千，仍保持着几十年前的模样，同样颇具魅力。

一日游行程

上午先去参观**东京国立博物馆**（见140页），留出至少2小时，探索馆内浩如烟海的日本艺术品和文物中的亮点。之后漫步穿过绿树成荫的**上野公园**（见145页），到传统日式餐馆**韵松亭**（见147页）吃午饭。记得预约，不然就得排队。

公园里可看的东西还有很多，如有几百年历史的**清水观音堂**（见146页）、金光灿灿的神社**上野东照宫**（见145页），以及让你身临其境了解“二战”前东京市景的**下町风俗资料馆**（见146页）等博物馆。留点时间到怀旧的街边市场**阿美横丁**（见149页）转转，如果天还没黑，再兜回去看看雅致的**根津神社**（见145页）。

在**Yanaka Beer Hall**（见148页）喝上一轮精酿啤酒，再到东京最佳居酒屋之一的**Shinsuke**（见147页）享用晚餐，为一天的行程画上圆满的句号。

想体验当地人的一天，见142页。

顶级景点

东京国立博物馆（见140页）

当地生活

漫步谷中老街（见142页）

东京最佳

就餐

韵松亭（见147页）

Shinsuke（见147页）

寺庙和神社

根津神社（见145页）

上野东照宫（见145页）

公园和庭园

上野公园（见145页）

娱乐

东京文化会馆（见149页）

到达和离开

火车 JR山手线经停上野（Ueno）和日暮里（Nippori；前往谷中）。从成田机场发车的京成线（Keisei Line）列车经停京成上野站（就在JR上野站以南）。

地铁 银座线和日比谷线经停上野。千代田线沿上野公园西侧运行，经停汤岛（Yushima）、根津（Nezu）和千驮木（Sendagi）；前往谷中的话，后两个车站很方便。

顶级景点
东京国立博物馆

如果你在东京只打算参观一家博物馆，东京国立博物馆（Tokyo National Museum，東京国立博物館）便是最好的选择。这座博物馆创立于1872年，馆藏丰富，古代陶器、佛教雕塑、武士刀、五颜六色的浮世绘（ukiyo-e）以及华丽的和服等展品应有尽有。博物馆由多座建筑组成，其中最重要的是展示日本艺术品的本馆（Honkan）。

见144页地图，C3

03-3822-1111

www.tnm.jp

台東区上野公園13-9

成人/学生/儿童和老人 ¥620/410/免费

全年 周二至周日 9:30~17:00，3月至12月 周五 至20:00，3月至8月 周六和周日 至18:00

JR各线至上野，上野公园出口

本馆和法隆寺宝物馆

如果只能腾出两三个小时的时间，那么最应该参观的当属**本馆**和令人陶醉的**法隆寺宝物馆**（Gallery of Hōryū-ji Treasures）。宝物馆展览的是来自法隆寺（位于奈良县，历史可以追溯到607年）的面具、卷轴和镀金佛像。此外，这两个馆舍的建筑本身也值得关注：本馆是20世纪30年代皇室建筑的典范，里里外外都贯穿着装饰艺术风格，这里还是《半泽直树》等日剧的取景地；法隆寺宝物馆（1999年）则是出自谷口吉生的设计，方方正正的建筑宽敞又雅致。

东洋馆和平成馆

时间充裕的游客可以去探索3层楼高的**东洋馆**（Tōyōkan），藏有来自亚洲各地的佛像和精美的中国陶瓷。通过本馆1楼的通道可达**平成馆**（Heiseikan），这里设有日本考古展室，里面全都是日本旧石器时代和新石器时代的陶器、护符及其他日常用品。平成馆中还经常举办非常棒的临时展览（额外收费），但是有时没有英文引导标示。

黑田纪念馆

同样值得一看的还有**黑田纪念馆**（Kuroda Memorial Hall，黒田記念室；☎03-5777-8600；www.tobunken.go.jp/kuroda/index_e.html；台東区上野公園 13-9；门票免费；⏲周二至周日 9:30~17:00；🚉JR各线至上野，上野公园出口）。黑田清辉（Kuroda Seiki；1866~1924年）被认为是日本现代的西式绘画之父。该纪念馆建于1928年，是东京国立博物馆的附属建筑，厅内展示的杰出作品包括《舞妓》和《智·感·情》，后者是刻画三位裸体女性的金色背景三联油画。

☑ 独家贴士

- 留出两个小时浏览展品亮点，深入看完本馆需要半天时间，几个展馆都看遍需要一整天。
- 想要集中欣赏重点展品，可从本馆2楼开始。在1-1展厅可以索取*Highlights of Japanese Art*宣传册。
- 轮展是对艺术品的保护，所以有些展品是周期性展示的，不能保证无论何时到来都能看到某件展品。
- 在春季和秋季的两三个星期里，本馆后的庭园有5家传统茶室对公众开放。

吃喝落脚点

法隆寺宝物馆和东洋馆有餐厅。

从博物馆出发向西北方向走5分钟即可到达迷人的茶室桃林堂（见148页）。

当地生活

漫步谷中老街

在几乎处处奉行“旧不如新”理念的东京，与传统联系密切的谷中格外引人注目。经历了关东大地震和“二战”时盟军的燃烧弹轰炸后，谷中仍保留着密集的老式木质建筑和寺庙。这一街区一直深受艺术家们喜爱，很多艺术家干脆就在这里生活、工作。

❶ 闲逛谷中银座

谷中银座（Yanaka Ginza）展示了纯正而古雅的20世纪中叶东京街景，数量众多的街头摊贩令这条步行街看上去就像一条繁华的庙口小街。顺路去**谷中松野屋**[Yanaka Matsunoya; www.yanakamatsunoya.jp; 荒川区西日暮里3-14-14; ⌚周一和周三至周五11:00~19:00，周六和周日10:00~19:00; 🚉JR山手线至日暮里，西出口]，这里出售当地匠人手工制作的各种家庭用品。

❷ 探索艺术家故居

雕塑家朝仓文夫（Asakura Fumio; 1883~1964年)亲自设计了这栋不同凡响的住宅和工作室。现在这里成了**朝仓雕塑馆**(Asakura Chōso Museum; www.taitocity.net/taito/asakura; 台東区谷中 7-16-10; 成人/学生 ¥500/250; ⏲周二、周三和周五至周日 9:30~16:30; 🚉JR山手线至日暮里,北出口),展出这位艺术家很多代表性的写实作品。

❸ 在澡堂里欣赏艺术品

这栋斜面瓦顶的建筑两百年来一直是公共澡堂。1993年,这里被改造成了**SCAI澡堂美术馆**(SCAI the Bathhouse; ☎03-3821-1144; www.scaithebathhouse.com; 台東区谷中 6-1-23; 门票免费; ⏲周二至周六正午至18:00; Ⓢ千代田线至根津,1出口)。如今这座当代艺术画廊仍保存着大量原来的要素,包括木头储物柜和拱顶。

❹ 拜访百年老店

下町风俗资料馆附设展示场(Shitamachi Museum Annex; 台東区上野桜木 2-10-6; 门票免费; ⏲周二至周日 9:30~16:30; Ⓢ千代田线至根津,1出口)由一家从1910年营业至1986年的老式酒屋(吉田屋本店)改造而来,展示着古老的酒桶、砝码、量器和招贴画等。

❺ 在Kayaba Coffee打发时间

在下町风俗资料馆附设展示场的对面,有一家当地人经常光顾的**Kayaba Coffee**(カヤバ珈琲; http://kayaba-coffee.com; 台東区谷中 6-1-29; 饮品 ¥450起; ⏲周一至周六 8:00~23:00,周日 至18:00; Ⓢ千代田线至根津,1出口),这家咖啡馆从20世纪30年代起营业至今(建筑本身的历史可以追溯到1916年),店里仍有许多原来的器物。

❻ 探访工作室

艾伦·韦斯特(Allan West)在谷中居住了很长时间,他主要绘制日本传统风格的华丽屏风,其画作从草稿到成品都和几个世纪以来当地艺术家们的做法毫无二致。只要艾伦在工作室,就可以进入他的**绘画工作室**(Edokoro, 繪処アランウエスト; ☎03-3827-1907; www.allanwest.jp; 台東区谷中 1-6-17; ⏲13:00~17:00,周日15:00开门,不定期关闭; Ⓢ千代田线至根津,1出口)参观。

❼ 去六龙矿泉泡澡

跟当地人一起,到1931年开业的**六龙矿泉**(Rokuryu Kōsen, 六龍鉱泉; ☎03-3821-3826; 台東区池の端 3-4-20; ¥460; ⏲周二至周日 15:30~23:00; Ⓢ千代田线至根津,2出口)泡个澡。浴池里的水呈琥珀色,富含矿物质,据说能让皮肤变得更好,但前提是你能忍受水温——两个浴池中温度较低的都有45℃。不要错过美妙的传统壁画。

❽ 在釜竹吃面

釜竹(Kamachiku; ☎03-5815-4675; kamachiku.com/top_en; 文京区根津 2-14-18; 面条 ¥850,小菜 ¥350~850; ⏲11:30~14:00, 17:30~21:00,周日仅有午市,周一闭店; 📋; Ⓢ千代田线至根津,1出口)主打每天新鲜制作的乌冬面。这家人气餐馆位于一栋1910年的砖房中,建筑经过整修后非常漂亮。周末很可能要排队。

详细介绍请见
顶级景点 140页
景点 145页
就餐 147页
饮品 148页
娱乐 149页
购物 149页
0 400 m
0 0.2 miles
A
B
C
D
1
2
3
4
5
Nishi-Nippori 西日暮里
NISHI-NIPPORI 西日暮里
ARAKAWA-KU 荒川区
Nippori 日暮里
Yanaka Ginza 谷中银座
Sendagi 千駄木
SENDAGI 千驮木
11
Ogubashi-dōri 尾久橋通り
Ōtakebashi-dōri 大竹橋通り
Sakura-dōri 桜通り
NEGISHI 根岸
YANAKA 谷中
12
Kototoi-dōri 言問通り
Uguisudani 鶯谷
BUNKYŌ-KU 文京区
UENO-SAKURAGI 上野櫻木
13
Gallery of Hōryu-ji Treasures 法隆寺宝物馆
Heiseikan 平成馆
Iriya 入谷
1
Nezu-jinja 根津神社
NEZU 根津
TAITŌ-KU 台东区
Honkan 本馆
Tokyo National Museum 东京国立博物馆
Tokyo National University of Fine Arts & Music 东京艺术大学
Kuro-mon 黑门
Tōyōkan 东洋馆
9
Ueno Zoo 上野动物园
National Museum of Nature & Science 国立科学博物馆
Nezu 根津
IKE-NO-HATA 池之端
6
Ueno-kōen 上野公园
7
Shuto Expwy No 1 首都1号高速公路
KITA-UENO 北上野
Shinobazu-dōri 不忍通り
Ueno Tōshō-gū 上野东照宫
3
2
UENO
10
14
Ueno 上野
4
Benten-dō 弁天堂
Kiyōmizu Kannon-dō 清水观音堂
HIGASHI-UENO 东上野
Bōto-ike 游船区
Shinobazu-ike 不忍池
Keisei Ueno 京成上野
Asakusa-dōri 浅草通り
Ueno 上野
Tourist Information Centre 旅游信息中心
Shitamachi Museum 下町风俗资料馆
5
Inarich 稲荷町
HONGŌ 本乡
Chūō-dōri 中央通り
15
HIGASHI-UENO 东上野
Yushima 湯島
Nakamachi-dōri 中町通り
Ueno-hirokōji 上野広小路
Okachimachi 御徒町
8
Ueno-Okachimachi 上野御徒町
Naka-Okachimachi 仲御徒町
Kasuga-dōri 春日通り
Shin-Okachimach 新御徒町

根津神社

景点

根津神社

神道教神社

1 见144页地图，A3

神社所在的街区有许多迷人的宗教建筑，但古老的根津神社无疑是其中最漂亮的一座。这一装饰华丽的建筑历史可追溯至18世纪早期，是东京奇迹般保存下来的珍贵历史建筑之一，神社有一道由许多红色小型鸟居组成的长廊，非常上镜。（Nezu-jinja；☎03-3822-0753；www.nedujinja.or.jp；文京区根津1-28-9；⏰24小时；Ⓢ千代田线至根津，1出口）

上野公园

公园

2 见144页地图，C4

上野公园占地广阔，因其春季樱花烂漫而为人所熟知，位居东京最佳赏樱场所之列。另外，这里还有东京最为集中的博物馆群。在公园南端有一处名为不忍池（Shinobazu-ike）的大池塘，池内种满了睡莲。（Ueno-kōen，上野公園；http://ueno-bunka.jp；台東区上野公園；🚉JR各线至上野，上野公园和不忍池出口）

上野东照宫

神道教神社

3 见144页地图，B4

这座神社坐落在上野公园内，为纪念统一日本的大名德川家康而建。装饰

当地生活

上野和谷根千骑行

当地人喜欢在上野和谷根千一带骑行。时尚自行车制造商**Tokyobike**（☎03-3827-4819；www.tokyobike.com/rental；台東区谷中4-2-39；每天¥2500；⏰周三至周日10:00~19:00；🚉JR山手线至日暮里，西出口）在谷中设点出租7速城市自行车。可以提前发邮件预订车辆，写明姓名、租用日期及身高。

着金叶子、拥有大量华丽细节的建筑富丽堂皇，其历史可以追溯到1651年（虽然最近才进行过修整）。如果想节省门票钱，可以从门外张望一下，看看壮观的全景。（Ueno Tōshō-gū，上野東照宮；☎03-3822-3455；www.uenotoshogu.com；台東区上野公園9-88；门票¥500；⏰9:00~17:30，10月至次年2月 至16:30；🚉JR各线至上野，不忍池出口）

清水观音堂

佛教寺庙

4 见144页地图，C4

上野公园的清水观音堂是东京历史最悠久的建筑之一，它始建于1631年，自1698年便一直坐落在现在的位置上。该寺躲过了一次又一次的灾难，有惊无险地幸存至今。它是非常著名的京都清水寺的缩小版。这里供奉着送子观音，因此也是求子的女性喜欢前往的祈福地，还能保佑顺产和孩子的平安健康。（Kiyōmizu Kannon-dō，清水観音堂；☎03-3821-4749；台東区上野公園1-29；⏰9:00~16:00；🚉JR各线至上野，不忍池出口）

下町风俗资料馆

博物馆

5 见144页地图，C5

这座不大的博物馆再现了东京遭受关东大地震和"二战"这两次毁灭性的破坏之前，明治和大正时期（1868~1926年）的庶民生活。你可以走进复原的旧宅和商店细细感受。（Shitamachi Museum，下町風俗資料館；☎03-3823-7451；www.taitocity.net/taito/shitamachi；台東区上野公園2-1；成人/儿童¥300/100；⏰周二至周日9:30~16:30；🚉JR各线至上野，不忍池出口）

上野动物园

动物园

6 见144页地图，B4

上野动物园建立于1882年，是日本最古老的动物园，饲养着来自世界各地的动物。不过其中最大牌的"明星"，还是2011年从中国来到这里的一对大熊猫——力力和真真，以及它们的熊猫宝宝香香。这里还有一个专门的狐猴区，能让人感受到东京人对一切可爱之物的喜爱。（Ueno Zoo，上野動物園；www.tokyo-zoo.net；台東区上野公園9-83；成人/儿童¥600/免费；⏰周二至周日9:30~17:00；🚉JR各线至上野，上野公园出口）

国立科学博物馆

博物馆

7 见144页地图，C4

这里的日本馆（Japan Gallery）展出了日本列岛上丰富多样的野生动植物，从北海道的熊到冲绳的大甲虫，不一而足。馆内的其他展品还包括火箭发射装置、巨型鱿鱼、江户时代的干尸以及可以实时记录地震数据的数字地震仪。全场都有英文标志，还配备了英文语音导览机（¥300）。（National Museum of Nature & Science，国立科学博物館；03-5777-8600；www.kahaku.go.jp；台東区上野公園7-20；成人/儿童 ¥600/免费；周二至周四、周六和周日 9:00~17:00，周五 至20:00；JR各线至上野，上野公园出口）

就餐

Shinsuke

居酒屋 ¥¥

8 见144页地图，B5

长长的雪松柜台，穿着日式短外衣（happi）且绑着头巾（hachimaki）的"师傅"，以及如丝般醇和的大吟酿（dai-ginjo，最高等级的清酒），自1925年就开始营业的Shinsuke称得上居酒屋的理想典范。经过现代改良的经典菜肴都非常棒，不要错过kitsune raclette——裹着拉克莱特奶酪的炸豆腐。[シンスケ；03-3832-0469；文京区湯島 3-31-5；周一至周五 17:00~21:30，周六 至21:00；；千代田线至汤岛，3出口]

Hantei

日本料理 ¥¥

9 见144页地图，A3

Hantei是当地的地标，位于一幢被精心维护着的百年木建筑内。这里供应的美味应季炸串（kushiage，串揚げ；油炸肉类、鱼和蔬菜）都会配上精致的爽口小菜。午间套餐为8串或12串，晚间套餐则从6串开始，之后会持续提供（每串¥210），直到客人喊停为止。（はん亭；03-3828-1440；www.hantei.co.jp；文京区根津 2-12-15；套餐 ¥3000起；周二至周日 正午至15:00和17:00~22:00；；千代田线至根津，2出口）

韵松亭

日本料理 ¥

10 见144页地图，C4

餐馆的名字读作"in-sho-tei"，位于一栋历史可追溯至1875年的雅致木质建

> **独家贴士**
>
> **上野的免费步行导览游**
>
> 可以参加由会讲英语的志愿者带队的免费**团队游**（tokyosgg.jp/guide.html；台東区上野公園 7-47；JR各线至上野，上野公园出口）游览上野，每周三、周五和周日的10:30和13:00在Green Salon（グリーンサロン）咖啡馆门前集合出发。无须提前报名。

筑内。这里一直都是来参观上野公园(见145页)又想吃怀石料理的旅行者的心仪之地。没有预订的话(晚餐必须预订)要排长队,不过即便这样也是值得的。午餐便当的卖相非常漂亮,性价比很高。(Innsyotei, 韻松亭; ☎03-3821-8126; www.innsyoutei.jp; 台東区上野公園 4-59; 午餐/晚餐 ¥1680/5500起; ⏰餐馆 11:00~15:00和17:00~21:30, 茶室 11:00~17:00; 📋; 🚉JR各线至上野, 上野公园出口)

HAGISO

日本料理 ¥

11 见144页地图, A2

这家迷人的咖啡馆兼画廊位于谷中中心地区,由东京艺术大学(Geidai)的学生经营,提供餐食、饮品和甜点,种类齐全。餐馆的日式早餐仅售¥325,相当划算,午餐套餐包括丰盛的蔬菜咖喱或日式汉堡排。这里极受欢迎,周末需要等位。(☎03-5832-9808; hanare.hagiso.jp; 台東区谷中 3-10-25; 主菜 ¥815~1300; ⏰8:00~10:30, 正午至21:00; S千代田线至千驮木, 2出口)

> **独家贴士**
>
> **区间巴士环线**
>
> 虽然游览上野和谷根千可以步行,但**循环区间巴士**(Megurin, めぐりん; www.city.taito.lg.jp/index/kurashi/kotsu/megurin; 单程/一日通票 ¥100/300)中的东西线(tōzai)也非常便捷。巴士7:00~19:00每15分钟1班。实用的站点包括:第2站停靠上野公园出口对面的JR上野站,第12站下车可以前往谷中银座。

饮品

Yanaka Beer Hall

精酿啤酒

12 见144页地图, B2

漫步于谷根千难免会感到口渴,好在这里有家舒适的酒吧供应精酿啤酒,还有室外的座位。酒吧坐落于一个迷人的古旧木质建筑群中,这里还有一家咖啡馆、法式小馆和举办活动的场地。酒吧供应数种啤酒,其中有一种谷中拉格啤酒(Yanaka lager)别无分号。(☎03-5834-2381; www.facebook.com/yanakabeerhall; 台東区上野桜木 2-15-6; ⏰周二至周五 正午至20:30, 周六和周日 11:00~20:30; 📶📋; S千代田线至根津, 1出口)

桃林堂

茶室

13 见144页地图, B3

这家小茶室位于上野公园(见145页)边缘地带的一座白色建筑内,可以前来品上一杯颜色浓厚的抹茶。按照传统,苦涩的抹茶要配上甜的东西一起享用,因此可在玻璃柜台里的精致甜点之中挑选一二,再回到公共餐桌慢慢享用。(Torindō; 台東区上野桜木 1-5-7; 茶 ¥450; ⏰周二至周日 9:00~17:00; S千代田线至根津, 1出口)

阿美横丁

娱乐

东京文化会馆

古典音乐

14 见144页地图，C4

这座像是地堡的混凝土建筑出自师从勒·柯布西耶的前川国男（Maekawa Kunio）之手，东京都交响乐团和东京芭蕾舞团常在这里演出。门票价格差别很大；每月有一天上午的古典音乐演奏会门票仅售¥500，不妨留意一下。演奏厅装饰华美，音响效果极佳。（Tokyo Bunka Kaikan，東京文化会館；www.t-bunka.jp/en；台東区上野公園 5-45；资料馆 周二至周六13:00~20:00，周日 至17:00；JR各线至上野，上野公园出口）

购物

阿美横丁

市场

15 见144页地图，C5

走进这条位于JR高架铁路桥下并与之平行的小巷，会觉得浮华的东京仿佛只是遥远的记忆。“二战”后，这个半露天市场作为黑市发展起来，当时售卖的都是美国商品。如今这里的商铺鳞次栉比，从新鲜的海鲜和外国调味品，到牛仔裤与运动鞋，再到刺绣精美的飞行员夹克，各色商品五花八门。[Ameya-yokochō，アメヤ横丁；www.ameyoko.net；台東区上野公園 4；10:00~19:00，有些店铺周三闭店；JR各线至御徒町（Okachimachi），北出口]

探 索

浅 草

浅草拥有东京历史最悠久的景点——浅草寺。与这座千年古刹一河之隔的，则是东京最年轻的景点——高达634米的东京晴空塔（如图）。这片景点周边的地区被称为下町，纵横交错的小巷、工艺品商店以及夫妻档餐馆，无不体现着旧江户（东京在幕府时期的旧称）的气质。

一日游行程

从浅草站开始探索这一老城区，随着路标提示走到**雷门**（Kaminarimon）。门外可以望到河对面的地标建筑**Super Dry Hall**（见155页）。之后沿仲见世通购物街走到**浅草寺**（见152页）。花一个小时在寺内转转，接着到**大黑家**（见159页）享用天妇罗午餐。

下午逛逛浅草一带颇有氛围的小巷，顺路去漂亮的小寺**镇护堂**（见156页）和**传统工艺博物馆**（见156页）一游。浅草集中了大量传统工艺品商店，**黑田屋**（见161页）便在其中，特别适宜挑选纪念品。接着在**Ef**（见159页）喝杯咖啡，或到**蛇骨汤**（见156页）泡个澡，用日本的传统方式来恢复体力。

晚餐可以在**浅草今半**（见158页）享用高品质牛肉，或者去**大多福**（见156页）感受旧时氛围。然后乘坐东武晴空塔线（或出租车）到河对面的**东京晴空塔**（见155页）。乘电梯到达350米高的观景台，饱览东京的璀璨夜景。

顶级景点

浅草寺（见152页）

东京最佳

就餐

大多福（见156页）

建筑和设计

东京晴空塔（见155页）

Super Dry Hall（见155页）

娱乐

追分（见160页）

最佳温泉和钱汤

蛇骨汤（见156页）

购物

Marugoto Nippon（见160页）

到达和离开

火车 东武晴空塔线（Tōbu Sky Tree Line）从东武浅草站（Tōbu Asakusa）发往东京晴空塔站。

S 地铁 银座线和浅草线在浅草分别设站（即需要出站换乘）。浅草线与半藏门线经停押上（Oshiage），步行可至晴空塔。

渡轮 Tokyo Cruise水上巴士从吾妻桥（Azuma-bashi）发船，前往滨离宫恩赐庭园。

顶级景点

浅草寺 (Sensō-ji)

浅草寺修建于江户建城的一千多年以前，是东京最古老的寺庙，也是古代江户人的精神家园。相传在公元628年，一对以捕鱼为生的兄弟在附近的隅田川里打捞出一尊观音金像，浅草寺便是为供奉金像而建。如今的浅草寺以古韵闻名，你可以在这里一窥当代东京难以寻觅的旧日模样。

见154页地图，B2

03-3842-0181

www.senso-ji.jp

台東区浅草 2-3-1

门票免费

24小时

S 银座线至浅草，1出口

大门

宏伟的**雷门**是浅草寺的入口，门上的巨大提灯重达670公斤，门两侧矗立着一对威严的守护神像，风神在右，雷神在左。过了雷门有一条繁华的购物街——**仲见世通**（Nakamise-dōri），从普通的旅游纪念品到地道的江户风格手工艺品，出售的东西可谓五花八门，无所不包。沿着仲见世通走到同样有神像护卫的**宝藏门**（Hōzō-mon），门后挂着的一双重2500公斤、长4.5米的草鞋（waraji），代表佛祖的无边法力。

大殿和院落

在宏伟的大殿前方，有一个巨大香炉。据说，炉中升起的香烟能令身体健康，因此你会看到人们用衣服把烟撩到自己身上。那尊古老的观音像并不公开展示（也许根本就不存在），但这并不会阻止前来参拜的信众。院落中有座**五重塔**（Five-Storey Pagoda），塔高55米，是日本第二高佛塔。之前的佛塔是德川家光建造的，现在的这座则重建于1973年。这里另有很多可供探索的属寺。

浅草神社

寺庙院落中的**浅草神社**（Asakusa-jinja; ⌚9:00~16:30）是为了纪念发现观音像的两兄弟而建。现在的深红色神社建筑建于1649年，是江户早期建筑的罕见范例。

☑ 独家贴士

- 大殿及寺院内外的几道大门每天从日落到23:00都是灯火通明。
- 拥挤的人群也是在地体验的一部分，浅草寺好像就没有人少的时候。
- 在大殿附近的亭子里求个签（おみくじ，omikuji；¥100）。如果抽到凶签，就把纸签系在附近的架子上，向神明祈求好运，然后重新求个签。

✕ 吃喝落脚点

仲见世通旁有不计其数的小吃摊贩，售卖仙贝（sembei）、炸馒头（age-manju）和冰激凌。

紧邻仲见世通的大黑家（见159页）供应美味的天妇罗，就餐环境是浅草典型的简朴风格。

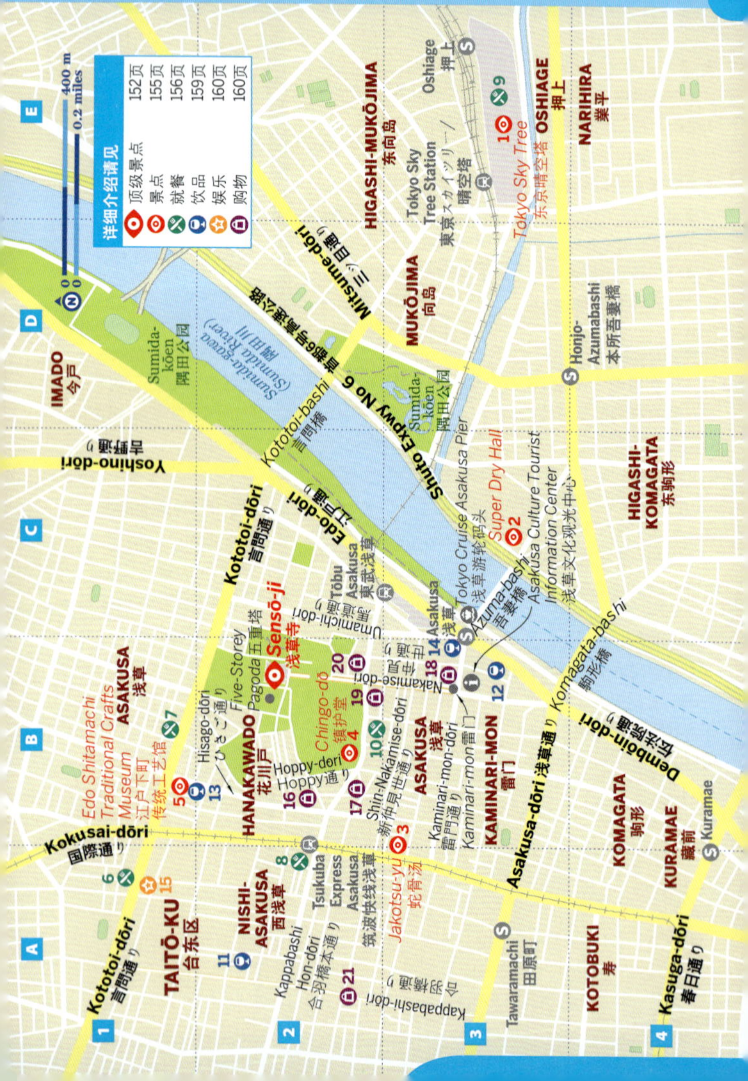
详细介绍请见
顶级景点 152页
景点 155页
就餐 156页
饮品 159页
娱乐 160页
购物 160页
400 m
0.2 miles
IMADO 今戸
Sumida-kōen 隅田公园
Sumida-gawa (Sumida River) 隅田川
Shuto Expwy No 6 首都高速6号
Mitsume-dōri 三ツ目通り
HIGASHI-MUKŌJIMA 东向岛
MUKŌJIMA 向岛
Tokyo Sky Tree Station 東京スカイツリー/晴空塔
Oshiage 押上
OSHIAGE 押上
NARIHIRA 業平
Tokyo Sky Tree 东京晴空塔
Honjo-Azumabashi 本所吾妻橋
HIGASHI-KOMAGATA 东驹形
Yoshino-dōri 吉野通り
Kototoi-bashi 言問橋
Kototoi-dōri 言問通り
Edo-dōri 江戸通り
Tōbu Asakusa 東武浅草
Tokyo Cruise Asakusa Pier 东京游轮码头
Super Dry Hall
Asakusa Culture Tourist Information Center 浅草文化观光中心
Azuma-bashi 吾妻橋
Komagata-bashi 駒形橋
Dembōin-dōri 伝法院通り
Sensō-ji 浅草寺
Five-Storey Pagoda 五重塔
Chingo-dō 镇护堂
Umamichi-dōri 馬道通り
Nakamise-dōri 仲見世通り
Asakusa 浅草
Hisago-dōri ひさご通り
HANAKAWADO 花川戸
Hoppy-dōri Hoppy通り
Shin-Nakamise-dōri 新仲見世通り
ASAKUSA 浅草
Kaminari-mon-dōri 雷門通り
Kaminari-mon 雷门
KAMINARI-MON 雷门
Asakusa-dōri 浅草通り
KOMAGATA 驹形
KURAMAE 藏前
Kuramae
Edo Shitamachi Traditional Crafts Museum 江户下町传统工艺馆
Kokusai-dōri 国際通り
TAITŌ-KU 台东区
Kototoi-dōri 言問通り
NISHI-ASAKUSA 西浅草
Tsukuba Express Asakusa 筑波快线浅草
Jakotsu-yu 蛇骨汤
Kappabashi Hon-dōri 合羽橋本通り
Kappabashi-dōri 合羽橋通り
Tawaramachi 田原町
KOTOBUKI 寿
Kasuga-dōri 春日通り

MOSAYMAY / SHUTTERSTOCK ©

浅草红色的吾妻桥和Super Dry Hall

景点

东京晴空塔 塔

1 见154页地图，E3

高达634米的东京晴空塔于2012年5月正式对外开放，是世界上最高的自立式电波塔。其银色的钢丝网状外层从基部的三角形逐渐变为300米高处的圆形。在350米和450米处各设有一个展望台。尽管白天能看到更加丰富的景色——能见度最好的时候能看到100公里以外，包括远处的富士山——然而只有到了晚上，东京才会显露出真正美丽的一面。[Tokyo Sky Tree，東京スカイツリー；www.tokyo-skytree.jp；墨田区押上（Oshiage）1-1-2；门票 350米/450米展望台 ¥2060/3090；8:00~22:00；S 半藏门线至押上，晴空塔出口]

Super Dry Hall 建筑

2 见154页地图，C3

又名Asahi Beer Hall，是由菲利普·斯塔克（Philippe Starck）设计的朝日啤酒总部，它竣工于1989年，是东京最独特的建筑之一。大厦金色的玻璃外观与白色屋顶象征着一大杯啤酒，而乌黑低矮建筑顶上的金色液滴装饰则象征着火焰（然而当地人却称它为“黄金大便”）。[フラムドール，Flamme d'Or；墨田区吾妻橋（Azuma-bashi）1-23-1；S 银座线至浅草，4出口]

独家贴士

浅草的观光信息和活动

浅草文化观光中心（浅草文化観光センター；见136页地图；☎03-3842-5566；taitonavi.jp；台東区雷門2-18-9；⏰9:00~20:00；📶；Ⓢ银座线至浅草，2出口）通常提供包括艺伎表演在内的各种特别活动的信息；不知道去哪里租赁和服的话，也可以向员工咨询。从8楼可以眺望东京晴空塔（见155页），视野很棒，而且免费。

蛇骨汤

公共浴室

3 见154页地图，B3

和大多数公共澡堂不同，蛇骨汤采用的是呈自然淡茶色的温泉水，迷人的露天浴场（rotemburo，露天風呂）四周挂着灯笼且由岩石围绕。这里有英文标志，而且文身者可以入内。洗桑拿浴要加收¥200，一条小毛巾收取¥140。（Jakotsu-yu，蛇骨湯；☎03-3841-8645；www.jakotsuyu.co.jp；台東区浅草1-11-11；成人/儿童¥460/180；⏰周三至周一13:00至午夜；Ⓢ银座线至田原町，3出口）

镇护堂

佛教寺庙

4 见154页地图，B2

这座安静的小寺实际上是浅草寺（见152页）的一部分，但是在传法院通（Dembō-in-dōri）设有单独的入口。这里供奉的是狸猫（tanuki；类似于浣熊，是日本民间传说中的动物），它在日本神话中可以变化外形，常干一些无伤大雅的恶作剧。据说它们也能保佑人们免受火灾和盗窃，因此经常能看到餐馆前面摆放着狸猫雕像。（Chingo-dō，鎮護堂；www.senso-ji.jp/guide/chingodo_e.html；台東区浅草2-3-1；⏰6:00~17:00；Ⓢ银座线至浅草，1出口）

江户下町传统工艺馆

博物馆

5 见154页地图，B1

浅草拥有悠久的手工艺传统，这间在商店街里的陈列馆定期轮换展示当地的手工艺品——如江户切子（kiriko；手工制作的玻璃工艺品）等。周六和周日（11:00~17:00）还有现场制作展示。（Edo Shitamachi Dentō Kōgeikan，江戸下町伝統工芸館；☎03-3842-1990；台東区浅草2-22-13；门票免费；⏰10:00~20:00；Ⓢ银座线至浅草，1出口）

就餐

大多福

日本料理 ¥¥

6 见154页地图，A1

百年老店大多福专营关东煮（oden），这是一种经典的日式炖菜，各色食材都在柜台上慢慢炖着，食客从锅里选择想要的，每次取上一两种。可以尝尝便宜的萝卜和海带，也可以选择扇贝和金枪鱼，小小地挥霍一下，还可以花¥5400点份囊括所有食材的套餐——无论如

了解当地

旧时的江户和下町

江户是东京的旧称，即“江之门户”，因地处隅田川入海口而得名。1603年，德川家康在此地建立幕府，这座默默无闻的小渔村随即登上历史舞台。这座新的都城很快发展成为一座繁华的城市，到了18世纪末，东京的人口超过了100万，已是世界上最大的城市之一。

江户生活

在德川幕府治下，日本变成一个等级森严的社会。位于顶层的是大名（daimyō）及其武士，中间是农夫和渔民，最底层则是包括商人与手工业者在内的城市居民町人（chōnin）。江户的布局也呈现出等级分化：江户城以西地势较高的平原称山手，精英阶层在这里兴建房屋；东部的隅田川沿岸多是下町，町人们就在这里拥挤的廉价木头房屋中生活。

但财富阶层的划分却不是按照这样的路数，事实上，有些町人富可敌国，生活品质远远高于奉行节俭的统治阶层。为歌舞伎表演、相扑比赛和浅草以北的吉原欢乐街（即红灯区）提供资金支持的正是这些富裕的町人。

今日下町

官方的阶层分化已在19世纪与幕府一并成为历史，但古城的格局依然保存下来。从前东部的下町区域，如浅草，仍是小巷纵横、布局拥挤，拥有更为传统的建筑、老派手工业者和小规模商家。即便如今，下町一词仍用来描述与旧时江户精神联系更为密切的街区。世代居住在这些街区的人们自称“江户子”（Edokko），即便是不那么纯正的本地人也觉得这些街区更加富有魅力，下町给人带来了东京新开发地区所缺少的人情味与暖意。

何你总能体验到这里欢乐的旧日风情。[Otafuku; ☎03-3871-2521; www.otafuku.ne.jp; 台東区千束(Senzoku)1-6-2; 关东煮¥110~550; ⏲周二至周六 17:00~23:00,周日 至22:00; 📋; 🚉筑波快线(Tsukuba Express)至浅草, 1出口]

浅草宿六饭团

日本料理 ¥

7 🍴 见154页地图, B1

包着酥脆海苔的饭团(Onigiri)是日本饮食的一大创意,也是这家装饰简朴、气氛友好的餐馆的招牌。午餐套餐包括两种或三种饭团,价格非常实惠。夜间可供选择的口味非常丰富,另供应酒水。(Onigiri Asakusa Yadoroku, おにぎり 浅草 宿六; ☎03-3874-1615; onigiriyadoroku.com; 台東区浅草 3-9-10; 午餐套餐 ¥660和¥900, 饭团 ¥200~600; ⏲周一至周六11:30~17:00, 周四至周二 18:00至次日2:00; 📋; 🚉筑波快线至浅草, 1出口)

TMON / SHUTTERSTOCK ©

日式串烧

浅草今半

日本料理 ¥¥¥

8 🍴 见154页地图, A2

如想来次难忘的和牛体验,可以到这家1895年就已开业的著名牛肉餐馆。从寿喜烧(sukiyaki, 酱汁煮过的牛肉蘸着生鸡蛋吃)和日式涮肉(shabu-shabu, 直接在汤里涮牛肉)中选一种,价格因肉的等级而定。对于精打细算的食客,这里还有超值的午市套餐(¥1500起),数量有限。[Asakusa Imahan; ☎03-3841-1114; www.asakusaimahan.co.jp; 台東区西浅草(Nishi-Asakusa)3-1-12; 午餐/晚餐 套餐¥3800/10,000; ⏲11:30~21:30; 🚭 📋; 🚉筑波快线至浅草, 4出口]

六厘舍

拉面 ¥

9 🍴 见154页地图, E3

六厘舍的专长是蘸面(tsuke-men)——给拉面配上一碗味道浓郁的汤料然后蘸着吃。这里的粗面条很有嚼头,汤料则用猪骨浓汤打底。这样的搭配令人欲罢不能,因此这家位于东京晴空塔的餐馆总是队伍长长。(Rokurinsha, 六厘舍; www.rokurinsha.com; 墨田区押上 1-1-2 Solamachi 6楼; 拉面 ¥850起; ⏲10:30~23:00; 🚭 📋; Ⓢ半藏门线至押上, B3出口)

大黑家

天妇罗 ¥

10 见154页地图，B2

靠近仲见世通，这里的传统天妇罗是用浅草的特产——纯芝麻油炸制的。这家店在一栋屋顶上铺着瓦片的白色建筑内。如果要排队（通常都需要），可以到一个街区以外的另一家分店去碰碰运气，那里还供应套餐。（Daikokuya；03-3844-1111；www.tempura.co.jp/english/index.html；台東区浅草 1-38-10；餐 ¥1550~2100；周一至周五 11:00~20:30，周六 至21:00；；S 银座线至浅草，1出口）

饮品

Café Otonova

咖啡馆

11 见154页地图，A2

在与合羽桥道具街（Kappabashi-dōri；见161页）平行的小巷中，迷人的Café Otonova位于一座老房子里。裸露的房梁被刷成白色，内部有一处中庭，楼上有舒适的卡座，楼下DJ操作台前有一张大号公共餐桌。白天时，这里是精致的咖啡馆，到了晚上，就成了气氛浪漫的酒吧，不收桌钱。（カフェ・オトノヴァ；03-5830-7663；www.cafeotonova.net/#3eme；西浅草 3-10-4；正午至23:00，周日 至21:00；S）

Ef

咖啡馆

12 见154页地图，B3

这家店所在的木质仓库建于19世纪，扛过了1923年的大地震和之后的“二战”，幸存至今。这个极其舒适而温馨的地方供应咖啡和茶，18:00点以后还有鸡尾酒和啤酒。一定要到后面看看仓库里的画廊。（エフ；03-3841-0442；www.gallery-ef.com；台東区雷門 2-19-18；咖啡 ¥550；周一、周三、周四和周六 11:00至午夜，周五 至次日2:00，周日 至22:00；S 银座线至浅草，2出口）

Cafe Rest'CUZN

酒吧

13 见154页地图，B2

这家酒吧由一群狂放的当地嬉皮士经营，常举办各种活动——比如烧烤、爵士乐即兴演奏会或者通宵卡拉OK。（www.homeground.jpn.com；台東区浅草 2-17-9；啤酒 ¥800；11:00至次日6:00；；S 银座线至田原町，3出口）

神谷酒吧

酒吧

14 见154页地图，B3

这是东京历史最悠久的西式酒吧之一，开业于1880年，如今仍然广受欢

当地生活

Hoppy通

在被称为**Hoppy通**（Hoppy-dōri；见154页地图，B2）——hoppy是一种廉价的麦芽饮料——的街道两旁，食品摊贩会摆好桌凳，供应便宜的串烧，从正午一直经营到深夜。

迎——尽管现在大多数人可能都是为了这里量足又便宜的生啤(每升¥1050)。不过，这家店真正的特色是电气白兰地(Denki Bran，デンキブラン；¥270)，一种拥有一百多年历史的自制鸡尾酒。在吧台下单，然后把小票交给服务生。(Kamiya Bar，神谷バー；03-3841-5400；www.kamiya-bar.com；台東区浅草 1-1-1；周三至周一 11:30~22:00；；S 银座线至浅草，3出口)

娱乐

追分

传统音乐

15 见154页地图，A1

追分是东京仅有的几家民谣居酒屋之一，常有传统民俗音乐表演。这里舒适而友好，服务员就是乐手，他们会演奏津轻三味线(tsugaru-jamisen，类似班卓琴的乐器)、手鼓和笛子。表演在19:00和21:00开始，较早的一场欢迎儿童欣赏。座位就在榻榻米上。(Oiwake；03-3844-6283；www.oiwake.info；台東区西浅草3-28-11；入场费 ¥2000，另需点一份食物和饮料；17:30至午夜；筑波快线至浅草，1出口)

购物

Marugoto Nippon

食品和饮品

16 见154页地图，B2

可以把这里看作一家迷你百货店，店里展示日本顶级的饮食特产(1楼)和手工艺品(2楼)。有许多样品可供品尝，如果想大快朵颐的话，3楼和4楼还有咖啡馆和餐馆。(まるごとにっぽん；03-3845-0510；www.marugotonippon.com；台東区浅草 2-6-7；10:00~20:00；S 银座线至田原町，3出口)

东京萤堂

二手店

17 见154页地图，B2

这家古董店的经营者是一个古怪的年轻人，他喜欢穿得仿佛20世纪从未到

了解当地

传统节日

东京的神社是各种“祭”的举办场所，每逢这样的传统节日，人们仿佛就又回到了几百年前的江户。身着“法被”(happi；短袖上衣)和“裈”(fundoshi；相扑手所穿的兜裆布)的男子们扛着神舆穿梭于大街小巷，经过人群时口中还念念有词。这些庆祝活动都与神道教传统有关，但也着实唤起了人们对于古老社会纽带的记忆。浅草的**三社祭**在5月的第三个周末举办，是东京规模最大的节庆活动，每年吸引约150万名观众。除此之外，各种传统节日贯穿全年，可以登录**Go Tokyo**(www.gotokyo.org/en/index.html)网站了解详情。

来或是早已远去。如果觉得这听起来不可思议，可以来看看他收藏的复古服装、包袋、古董灯、手表以及装饰用的小物件。（Tokyo Hotarudo，東京蛍堂；☎03-3845-7563；tokyohotarudo.com；台東区浅草1-41-8；⏰周三至周日 11:00~20:00；🚆筑波快线至浅草，5出口）

黑田屋

文具

18 🛍 见154页地图，B3

自1856年开业以来，主打和纸（washi）与纸制品，如贺卡、风筝、纸类民俗人物等。商品中有些是店里的原创设计，也有许多是来自日本其他地区。（Kurodaya，黒田屋；☎03-3844-7511；台東区浅草1-2-5；⏰10:00~18:00；Ⓢ银座线至浅草，3出口）

Yonoya Kushiho

时装和饰品

19 🛍 见154页地图，B2

即便是在一个古意盎然的街区里，这家小梳子铺也依然醒目：它自1717年以来一直都在出售手工制作的黄杨木梳子。这里也出售旧时的发饰（过去艺伎会戴在精心挽起、高高的发髻上）和现代的小饰品。（よのや櫛舗；台東区浅草1-37-10；⏰周四至周二 10:30~18:00；Ⓢ银座线至浅草，1出口）

Fujiya

工艺品

20 🛍 见154页地图，B2

这家店专门出售手拭巾（tenugui）：这种染色的薄棉布巾既可以用作茶巾和方头巾，也可以当成礼物的包装，总之用途多得惊人。这里的手拭巾以传统设计为主，不过也有有趣的现代式样。（ふじ屋；☎03-3841-2283；www.asakusa-noren.ne.jp/tenugui-fujiya/sp.html；台東区浅草2-2-15；⏰周三至周一 10:00~18:00；Ⓢ银座线至浅草，1出口）

SOO HON KEONG / GETTY IMAGES ©

三社祭，打扮成白鹭的表演者

合羽桥道具街

家居用品

21 🛍 见154页地图，A2

合羽桥通是日本最大的餐饮设备和厨房用具批发区，出售竹制蒸笼、漆盘、霓虹灯招牌以及纸灯笼（chōchin）。餐馆也可以在这里定制各种逼真的塑料食品模型。（Kappabashi-dōri，合羽橋通り；Ⓢ银座线至田原町，3出口）

顶级景点

大江户温泉物语 (Ōedo Onsen Monogatari)

到达和离开

火车 从汐留(Shiodome)乘百合鸥线(Yurikamome Line)至通信中心(Telecom Center),南出口出站。或者在JR大崎站(Ōsaki)乘坐临海线(Rinkai Line)至东京电讯港站(Tokyo Teleport),再换乘免费班车(或步行25分钟)前往。

大江户温泉物语证明了东京的确得天独厚——甚至拥有天然温泉。温泉内有男女分开的室内浴室和露天浴场(rotemburo),使用的都是采自东京湾地下1400米深处的真正温泉水。大江户温泉物语面向观光客开放,对于第一次进入日本公共澡堂的人来说,这种轻松的氛围能让在公众环境中洗浴变得不那么吓人。此外,哪怕只是为了在这个以洗浴为主题的乐园里体验纯正的日本风情,都足以让你来上一次。

穿件浴衣

到这儿的第一件事就是选浴衣(yukata),这种质地较薄的和服方便穿脱,也是大江户温泉物语的独特体验之一。在更衣室将日常穿着换成浴衣,随后在入浴前、出浴后,乃至在整个综合设施内走动时都要穿着这件浴衣。浴衣的左侧衣襟要盖在右侧衣襟之上。

尽情泡享

来大江户温泉物语的乐趣之一,便是在不同的浴场间穿梭,体会不同的水温和浸泡方式,例如喷射流浴池、天然岩石浴池以及面向女性的杉木单人桶型池。日本人普遍认为温泉水具有治疗功效,这里的温泉水呈弱碱性且富含氯化钠,据说对肌肉僵硬和关节疼痛颇有疗效。

温泉的室外则是一座日式庭园,中央有一条长50米的足浴池蜿蜒穿过。无论气温如何寒冷,及踝的池水总能保持足部的温暖。池底的石头能够刺激足底穴位。

闲逛游玩

大江户温泉物语并非只能洗浴,这个温泉主题公园就像是江户时代的迪士尼乐园,有着嘉年华式的游戏项目(如投掷忍者镖)和各色美食摊贩。大家都穿着浴衣(拍照非常漂亮),更为这里增添了复古的氛围。庭园和室内的“小镇”都是公共区域,男女混合的团体可以一起体验。

大江戸温泉物語

www.ooedoonsen.jp

江東区青海(Aomi)2-6-3

成人/儿童 ¥2612/1058,周六和周日加收¥200

⏲11:00至次日9:00,最晚入场时间7:00

☑ 独家贴士

- 有文身的客人谢绝入场。
- 18:00后有¥500的折扣。
- 过夜(2:00之后)加收¥2160。

吃喝落脚点

大江户温泉物语内部就有许多餐饮选择,包括至少三家拉面店。

作为精酿啤酒馆兼餐馆的**TY Harbor Brewery** [☎03-5479-4555; www.tysons.jp/tyharbor; 品川区東品川 2-1-3; 午餐套餐¥1200~1700,晚餐主菜¥1700起; ⏲11:30~14:00和17:30~22:00; 🚭 📋; Ⓢ临海线至天王洲岛(Tennōzu Isle),B出口]距温泉仅一站距离,也在临海线上。

顶级景点
富士山（Mt Fuji）

到达和离开

长途汽车 在登山季，京王电铁巴士（Keiō Dentetsu Bus; highway-buses.jp/chs）从新宿巴士总站发车（¥2700; 2.5小时），直达富士山五合目。需要预订。

海拔3776米的富士山是日本最高且最知名的山峰，仅仅瞥上一眼都会令人赞叹不已。攀登富士山，并从峰顶观赏日出是日本之行的顶级体验之一（尽管经常有云层遮挡）。官方登山季从7月1日持续至8月31日。富士山被分成10个“站点”，山底为一合目（1号站），山顶为十合目（10号站）。大多数游客都从五合目出发沿河口湖登山道攀登，从东京前往五合目也非常便利。

富士山和忠灵塔

攀登

河口湖登山道[Kawaguchiko Trail；又称吉田线(Yoshida Trail)]可从富士山五合目(即河口湖5号站)前往。登顶需要5~6小时(有些人只需一半的时间)，下山则需要3小时左右，绕着山顶的火山口走一圈需要1.5小时。如果想在黎明时分到达山顶，可以下午出发，在山间小屋过夜，第二天赶早继续攀登；也可以在夜里走完全程。最好别在破晓前太早登顶，此时的山顶寒风凛冽，即便是盛夏也不例外。

行前须知

富士山相当危险，其高度足以让人产生高原反应，而且山顶的天气和能见度都变化莫测。最基础的装备包括防寒防湿的衣服、帽子和手套，还要带上至少2升的饮用水(登山季期间在山里也能买到)，以及少量食物和应对不时之需的现金(如使用厕所的¥200)。如果准备在夜间攀登，最好再带上手电筒或者头灯，以及备用电池。

远眺富士山

登山季之外，可以在富士五湖地区欣赏富士山的美景。这五座湖泊均是由古时火山喷发形成的，波平如镜，倒映着富士山，尽显自然之美。河口湖(Kawaguchiko)人气最高，周边的住宿、餐饮、徒步路线选择也很多。冬季和春季是欣赏富士山的最好时机，不过通常只有在上午才能看到白雪皑皑的山顶，之后就隐藏在云层之后了。全年都有巴士前往河口湖(¥1750；约2小时)。

☑ 独家贴士

- Climbing Mt Fuji(wwwt17.plala.or.jp/climb_fujiyama)和富士山登山官网(www.fujisan-climb.jp)都是不错的参考网站。
- 计划攀登之前，要登录www.snow-forecast.com/resorts/Mount-Fuji/6day/top了解峰顶天气。
- 为了避开大批人群，可以在工作日前往，或者早些开始攀登。
- 官方郑重提醒不要在非登山季攀登，此时天气极为多变，山上的救护站都会关闭。

吃喝落脚点

登山道旁的山间小屋提供非常简单的住宿和热饭菜。过夜必须预订。八合目的**太子馆**(Taishikan，太子舘；www.mfi.or.jp/w3/home0/taisikan)或**富士山酒店**(富士山ホテル；www.fujisanhotel.com)值得一试。

最佳步行游览 表参道的当代建筑

简介

表参道是一条位于原宿和青山之间的林荫大道。这条路之所以出名，原因在于路旁鳞次栉比的高档精品店，并且多数精品店的建筑本身都是出自著名日本当代建筑师的设计。在这些重要地标的衬托下，表参道便成了一条优美建筑的展览通道。虽说沿途所有建筑都建于当代，但这一行程最后抵达的根津美术馆，却是由传统日式别墅加入现代元素改建而来。

起点 东急广场；Ⓡ原宿

终点 根津美术馆；Ⓢ表参道

距离 1.5公里；1小时

吃喝落脚点

Anniversaire Café（アニヴェルセルカフェ；cafe.anniversaire.co.jp；港区北青山 3-5-30；⌚周一至周五 11:00~23:00，周六和周日 9:00~23:00）位于原宿和青山之间的表参道路旁，有一个迷人的露台，特别适宜领略街头众生相。

JIRAT TEPARAKSA / SHUTTERSTOCK ©

东急广场入口

❶ 东急广场

由新秀建筑师中村拓志设计的**东急广场**（Tokyū Plaza；2012年）很像一座堡垒，入口是一间光芒夺目的镜厅，并且还设有一个宽敞的屋顶庭园。

❷ 表参道新城

安藤忠雄设计的**表参道新城**（Omotesandō Hills；2003年）是一家高端商场，建筑围绕着下沉式中庭螺旋向上，给人一种深邃的感觉。它是在一栋爬满常春藤的“二战”前建筑的原址上修建的（曾引发强烈抗议），低矮的横面设计体现出对原来建筑的致敬。

❸ 迪奥旗舰店

表参道新城的对面就是**迪奥**（Dior）的旗舰店，由普利兹克建筑奖得主SANAA建筑事务所（由妹岛和世与西泽立卫创立）设计。建筑的外立面全部由玻璃构造，观感朦胧；玻璃后面则是半透明、呈裙褶样的帘幕，犹如罩于其上的一缕轻纱，将精致的内部与外界的纷扰隔离开来。

❹ 路易·威登

路易·威登（Louis Vuitton；2002年）的建筑由青木淳设计，采用叠在大片金属网后面的套色玻璃面板来体现行李箱的堆叠感。毕竟，这个品牌最早就是从制作行李箱起家的。

❺ 托德斯

爬上天桥可以更好地欣赏伊东丰雄设计的**托德斯**（Tod's；2004年）大楼。纵横交错的混凝土装饰带灵感来自于表参道两侧的榉树；更令人难忘的是，看似装饰带的它们其实也是建筑结构的一部分。

❻ 螺旋大厦

桢文彦设计的后现代派**螺旋大厦**（Spiral Building）值得绕路前往青山通。这栋建筑竣工于1985年，比沿途所有建筑都要早。无中心的拼接设计灵感来自东京本身风格不一的城市景观。建筑内有一条兼做画廊的螺旋通道。

❼ 普拉达

这一街区最具国际知名度的建筑就是这个凸面玻璃鱼缸般的大厦，是赫尔佐格和德梅隆专为**普拉达**（Prada；2003年）设计的作品。

❽ 根津美术馆

步行游览的终点是融传统与现代为一体的**根津美术馆**（Nezu Museum；见106页）。2009年，这座建筑按照隈研吾的设计进行了改建。建筑师将种满竹子的入口比作前往传统茶室的通道，让参观者利用这段路程调整情绪，在现代和传统之间过渡。

最佳步行游览
浅草的下町风情

简介

下町一词用来描述东京最接近旧日江户风貌的各个街区，浅草就是其中之一。这里不但有历史可以追溯至江户时代（1603~1868年）或更早的重要寺庙和神社，还有狭窄的小巷和木质店铺，这些都是今日下町的明显特征。这一行程将带你游览主要景点以及洋溢着旧时东京氛围的许多小巷。

起点 吾妻桥；Ⓢ浅草

终点 Ef；Ⓢ浅草

距离 3公里；2小时

吃喝落脚点

在传法院通旁的**大黑家**（见159页）品尝天妇罗。仲见世通两旁有许多小吃摊贩，如**Chōchin Monaka**（ちょうちんもなか；台東区浅草 2-3-1；冰激凌 ¥330；⏲10:00~17:00；Ⓢ银座线至浅草，1出口）。

TOPNATTHAPON / SHUTTERSTOCK ©

浅草寺大门

❶ 吾妻桥

吾妻桥（Azuma-bashi）原建于1774年，曾是乘船去浅草以北吉原欢乐街的出发地。如今**游轮**从附近的码头发船，前往滨离宫恩赐庭园和东京湾的台场。

❷ 浅草寺

经过宏伟的雷门就进入了**浅草寺**（见152页），这座千年古刹一直吸引着大批信众前来朝拜。历史可追溯至17世纪早期的**浅草神社**（见153页），是罕见的江户早期神道教神社，距浅草寺不远，同样值得一游。

❸ 传法院通

成排的店铺，随处可见的木头招牌和推拉门，都为**传法院通**营造出浓郁的历史氛围。沿途中的Yonoya Kushiho（见161页）自1717年便开始售卖黄杨木梳子，值得一观。坐落在传法院通尽头的是**镇护堂**（见156页），这座佛寺不大，里面供奉着狸猫。

❹ Hoppy通

接下来沿小巷**Hoppy通**走走，道路两旁有许多摊贩售卖串烧，不妨就着啤酒吃上几串。日本最早的游乐园**花屋敷**（Hanaya-shiki）就在路的尽头。

❺ 传统工艺馆

江户下町传统工艺馆（见156页）展示至今仍在制作的工艺品，免费参观。该馆所在地的众多商店都位于拱廊之下，可以留意出售木屐（下駄）等传统商品的店铺。

❻ 浅草演艺大厅

灯笼高悬的**浅草演艺大厅**（Asakusa Engei Hall，浅草演芸ホール）令人回想起过去遍布浅草的杂耍剧场。该剧院位于浅草的六区，这一区域在“二战”前的一百年里一直是著名（但声名狼藉）的娱乐区。

❼ 淘淘旧货

顺道去二手店**东京蛍堂**（见160页），这里的商品充满了对20世纪早期的敬意，那时的浅草被认为是东京的蒙马特区（艺术家聚集地）。

❽ Ef

行程的终点是**Ef**（见159页）。这家咖啡馆兼画廊位于一栋古旧木质建筑中，最初是座仓库，历史可以追溯到1868年。

最佳步行游览

丸之内历史街区和银座

简介

19世纪末日本对外开放之后，丸之内和相邻的银座就成了东京最先实现现代化的街区，这里的许多方面仍能令人回想起那个精彩又动荡的年代。除了皇居和歌舞伎座等重要景点，这里还拥有东京最昂贵的地产。

起点 东京站；Ⓡ东京

终点 歌舞伎座；Ⓢ东银座

距离 3公里；2小时

吃喝落脚点

皇居附近的**Rose Bakery Marunouchi**（见48页）供应简易午餐、咖啡和蛋糕。**三越百货银座店**（见63页）的地下美食广场也有众多餐饮选择。

东京站

❶ 东京站

从丸之内出口出站，可以欣赏到**东京站**（见47页）的精致外观和双穹顶。这座砖结构的欧式火车站于1914年投入使用，被认为是东京的第一个铁路枢纽。

❷ 丸之内大厦

从车站向西进发，你会经过**丸之内大厦**（Marunouchi Building）。大厦始建于1923年，当时的丸之内作为东京首个现代商业区已初具规模。在2001年整修之后，大厦又加高了30层。从第35楼的**休闲酒吧**可以眺望皇居。

❸ 日本邮政大楼

日本邮政大楼（Japan Post Tower，2012年）保留了原来中央邮政局的外立面，这里还有一家时尚的商场KITTE，令人着迷的**Intermediateque博物馆**（见45页）也在此地。

❹ 皇居

明治维新后，日本天皇将都城从京都迁至东京，并在之前幕府将军居城——江户城的原址上修建了**皇居**（见42页）。可以沿护城河漫步，眺望尚存的天守台。

❺ 中通

从皇居出发，沿绿树成荫的**中通**（Naka-dōri）走到银座。这条美丽的街道两旁有许多精品店和咖啡馆，如今是东京最为时尚的街道之一。

❻ 银座

银座是东京第一个现代零售商业区，当时的百货商店还引入了西方最新潮的时装。**三越百货银座店**（见63页）就位于银座中心地带的四丁目路口。

❼ 资生堂画廊

银座的主干道中央通在周末的正午至17:00禁止车辆驶入，沿着这条路就可以走到唇红色的资生堂大厦（Shiseido Building）。位于大厦地下层的**资生堂画廊**（见58页）是东京首批当代画廊之一。

❽ 歌舞伎座

东京顶级歌舞伎剧院**歌舞伎座**（见54页）自1889年便矗立在此地。尽管在2013年进行了大规模整修，剧场华丽的外立面仍保持原样，非常恢弘大气。

キンシ正宗
キンシ正宗
登録商標
男山
北の誉
芳醇
無比
清酒
金婚
登録商標
秩父錦
優良清酒
登録商標
金紋
世界鷹
登録
登録商標
柏露
越後長岡銘酒
登録商標
菊水
登録
北雪
登録商標
浜福鶴
名水魚崎郷
清酒
龍力
心白米醸造
たつりき
日本一の酒

生存指南

明治神宫的清酒桶（见102页）

生存指南

出发前

何时去

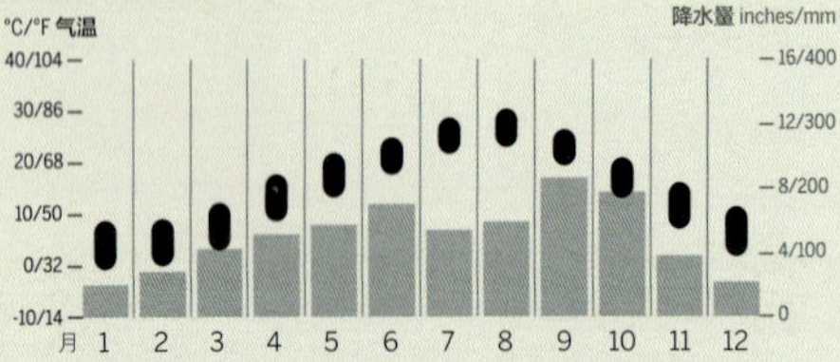

冬季（12月至次年2月）

天气寒冷但天空晴朗。由于年底多庆祝活动，12月格外热闹。新年假期（1月1日至3日）全城景点关闭，商业机构歇业。

春季（3月至5月）

天气渐渐变暖。3月下旬至4月上旬的樱花季无比绚丽。

夏季（6月至8月）

6月至7月中旬是雨季，之后天气炎热潮湿。8月中旬的盂兰盆节持续一周，期间整座城市昏昏欲睡。

秋季（9月至11月）

天气转为凉爽干燥，9月偶有台风，11月可以观赏美丽的红叶。

预订住宿

- 东京的住宿以昂贵出名，不过每年都有许多具有吸引力的经济型与中档住宿涌现。所有住宿场所都非常整洁，服务也十分周到。
- “商务酒店”指的是分布在各大枢纽地区、能够满足基本需求的中档住宿。
- 浅草是东京背包客聚集的街区，青年旅舍最为密集。
- 新宿的酒店众多，交通便捷，是高人气的住宿选择，但要注意很多经济型住宿都在红灯区。
- 如果对和风感兴趣，不妨去住日式旅馆，这种住宿的床铺就是榻榻米上铺着的垫子，非常传统。
- 强烈建议预订。这样在多数酒店都可以享受到更划算的价格，另外即便是青年旅舍，不经预订的话也会令店家手忙脚乱。
- 部分传统旅馆和经济型住宿可能不接受信用卡。

网络资源

Jalan（www.jalan.net）备受日本人欢迎的住宿折扣网站，支持中文。

乐天（楽天，http://travel.rakuten.co.jp）与Jalan同为日本常用的订房网站，虽然有中文版，但选择范围少很多，华人旅行者可以利用汉字试着在日文界面订房。

e路东瀛（www.japanican.com/cn/）针对游客的预订网站，中文版网站能找到各种类型的住宿和旅游信息。隶属于日本最大的旅行社——日本交通公社（JTB）。

Japanese Inn Group（www.japaneseinngroup.com）日式旅馆和其他小型家庭经营旅馆的预订网站。

缤客网（www.booking.com）方便使用的预订网站，部分住宿选择提供免费预订服务。

Lonely Planet（www.lonelyplanet.com/Japan/Tokyo/hotels）住宿预订与评论。

旅行须知

- 别紧张。虽然日本以繁文缛节闻名，但对外国人还是相对宽容。
- 少带行李。东京的酒店房间都很小，行李几乎没处放。
- 如果不想显得格格不入的话，那么就穿得体面点。不过除了最高档的餐厅，其他场所穿休闲装也没问题。
- 许多日式旅馆和餐馆都要求脱鞋进入，所以最好选择容易穿脱的鞋子。
- 乘坐地铁时不要吃东西，走在路上也别边走边吃，在日本人看来，这些行为都很粗鲁。
- 记得排队。日本人喜欢排队是出了名的。

最佳经济型住宿

Nui（http://backpackersjapan.co.jp/nui_en）位于浅草附近，由仓库改造而成的时尚青年旅舍。

K's House（http://kshouse.jp）位于浅草附近，舒适、适宜结识新朋友，深受背包客喜爱的旅舍。

First Cabin（http://first-cabin.jp）位于浅草的胶囊酒店，空间比普通胶囊酒店宽敞。

Khaosan World（http://khaosan-tokyo.com/en/world）由情人旅馆改建而来的奇特旅舍。

最佳舒适型住宿

Hanare（http://hanare.hagiso.jp）位于谷中的一栋古旧住宅中，经由东京艺术大学的学生改造，榻榻米房间非常漂亮。

Shibuya Granbell（www.granbellhotel.jp）位于涩谷安静区域的时尚精品酒店。

Hotel Mystays Premier Akasaka（www.mystays.com/zh-cn/hotel-mystays-asakusa-tokyo）酒店就在浅草，新开张不久，房价非常实惠。

Hotel S（http://hr-roppongi.jp/en/hotelS）房间风格时尚，沿路就可以走到六本木享受美妙的夜生活。

最佳高端住宿

虹夕诺雅东京（www.hoshinoresorts.com/zh）位于丸

之内附近的豪华日式旅馆，设计令人叹为观止，有温泉浴室。

Claska（www.claska.com/en/hotel）位于目黑以南的住宅区，复古的商务酒店变身为时尚的住宿场所。

东京柏悦酒店（https://tokyo.park.hyatt.com/zh-Hans/hotel/home.html）酒店富丽堂皇，位于新宿一栋摩天大厦的上层。

安缦东京酒店（www.aman.com/resorts/aman-tokyo）奢华高雅，视野绝佳，可以看到大手町的美景。

最佳日式旅馆

Sawanoya Ryokan（www.sawanoya.com）宁静的谷中区的瑰宝，待客热情，有传统浴室。

凤鸣馆（www.homeikan.com）位于上野附近，历史有百年之久，气氛美妙。

助六之宿 贞千代（Sukeroku No Yado Sadachiyo；www.sadachiyo.co.jp）浅草的传统旅馆，有宽敞的榻榻米房间和极好的浴室。

行灯旅馆（Andon Ryokan；www.andon.co.jp）位于浅草附近，极简风格的现代日式旅馆，屋顶有按摩浴缸。

车票

Skyliner和东京地铁联票（Skyliner & Tokyo Subway Ticket）包括一张Skyliner的单程票以及东京地铁的1日、2日或3日通票，相当超值。

抵达东京

☑ **独家贴士** 前往下榻酒店最佳交通方式的实用建议，见35页。

成田机场

多数国际航班飞往位于东京以东66公里处的**成田机场**（NRT；Narita Airport，成田空港；☎0476-34-8000；www.narita-airport.jp）。

➡东京与成田机场1号、2号航站楼之间有列车往来。去3号航站楼（多起降廉价航空公司航班）的话，可以先乘列车到2号航站楼，再步行（15分钟路程）或搭乘免费机场巴士。

➡**京成电铁Skyliner列车**（Keisei Skyliner；www.keisei.co.jp/keisei/tetudou/skyliner/us）是去往东京的最快捷方式。列车直达东京东北部的日暮里站（Nippori；¥2470；36分钟）和上野站（Ueno；¥2470；41分钟），可以再从那里换乘JR山手线或地铁（仅限上野站）。外籍人士可以在线购买预售票，能享受少许优惠（¥2200）。

➡**成田特快列车**（N'EX；Narita Express；www.jreast.co.jp/e/nex）的列车在7:00~22:00约每30分钟1班，前往东京站（¥3020；53分钟）、新宿（¥3190；80分钟）和涩谷（¥3190；75分钟）。本书调研期间，外国旅行者可以购买仅售¥4000的成田特快列车往返票，14天有效。

➡**利木津巴士**（Friendly Airport Limousine；www.limousinebus.co.jp/en）是定点发车的直达巴士（¥3100），需要订座。成田机场的所有航站楼均有发车，前往东京各大酒店和火车站。所需时间视交通状况而定，基本都需要1.5~2小时。本书调研期间，外国旅行者可以购买仅售

¥4500的“Welcome to Tokyo Airport Limousine Bus Return Voucher”往返票。

➡**京成机场巴士**(Keisei Tokyo Shuttle; www.keiseibus.co.jp)连接所有航站楼与东京站。6:00~23:00每20分钟1班，用时约90分钟，票价¥1000。23:00至次日6:00班次较少，票价¥2000。

➡在1号和2号航站楼地下层可以购买火车票并前往车站入口；在抵达大厅的售票柜台可以购买巴士票。无需预订。

➡出租车前往东京市中心的多数目的地，费用¥20,000~22,000。22:00至次日5:00加收20%车费。可以用信用卡。

羽田机场

羽田机场(HND; Haneda Airport, 羽田空港; ☎国际航站楼 03-6428-0888; www.tokyo-airport-bldg.co.jp/cn)位于东京南端，与市区的距离比成田机场要近得多。

➡需要注意的是，有些国际航班会在后半夜，即午夜至次日5:00抵达，这一时间段比较尴尬，只有零星的巴士前往东京市中心。

➡**京急线**(Keikyū Airport Express; www.haneda-tokyo-access.com/cn)的列车每小时数班，运营时间从5:30至午夜，前往品川(Shinagawa; ¥410; 12分钟)。在品川可以换乘JR山手线。

➡**东京单轨电车**(Tokyo Monorail; www.tokyo-monorail.co.jp/sc)大约每10分钟1班，运营时间从5:00至午夜，开往JR山手线上的滨松町站(Hamamatsuchō; ¥490; 15分钟)。

➡注意：国际和国内航站楼的站点不同，乘火车或单轨电车前往机场时，国际航站楼是倒数第二站。

➡**利木津巴士**(见176页)连接羽田机场和涩谷(¥1030)、新宿(¥1230)、六本木(¥1130)、银座(¥930)等地的主要火车站和酒店，午夜至次日5:00票价翻倍。所需时间视交通状况而定，基本都需要30~90分钟。

➡定额制出租车的费用如下：银座(¥5900)、涩谷(¥6600)、新宿(¥7100)和浅草(¥7200)。22:00至次日5:00加收20%车费。可以用信用卡。

东京站

东京站(Tokyo Station, 東京駅; 见44页地图; www.tokyostationcity.com/tc; 千代田区丸の内 1-9; 🚉JR线至东京站)是旅行者乘新干线从日本其他地区进入东京的主要枢纽。在东京站可以换乘JR中央线和山手线，以及地铁丸之内线。

当地交通

自行车

➡东京对自行车并不友好，自行车道少之又少，川流不息的车流也并不适宜谨小慎微的骑行者，不过这并不妨碍许多当地人骑着车在城中穿行。

➡禁止停放自行车的标识随处可见，你也可以置之不理，后果则是自行车可能被扣，前往扣押处取车需要半天时间，还要缴纳¥3000的罚款。

➡部分青年旅舍和日式旅馆出借自行车。

➡登录Rentabike（http://rentabike.jp）网站可以查看市内租车处的列表。

渡轮

Tokyo Cruise（水上バス，Suijō Bus；☎0120-977-311；suijobus.co.jp）水上巴士在隅田川的上下游之间往来，10:00~18:00每小时约2班。常用的码头包括浅草和**滨离宫恩赐庭园**［Hama-rikyū Onshi-teien；见56页地图；www.tokyo-park.or.jp/park/format/index028.html；中央区浜離宮庭園1-1；成人/儿童¥300/免费；⏲9:00~17:00；Ⓢ大江户线（Ōedo line）至汐留（Shiodome），A1出口］。船票一般可于任意码头在发船前购买。

出租车

➡起步价¥410起，含约1公里车程。此后每行驶237米加收¥80。22:00至次日5:00加收20%费用。

➡会说英语的司机很少，好在多数出租车有导航系统。将目的地的日语名称写下来会方便许多，有含地址的名片更好。

➡所有出租车都打表，多数（但非全部）接受信用卡，部分可使用支付宝或微信。

➡火车站和酒店处有出租车停靠站，很可能要排队。没有停靠站的话，可以在街边伸手招呼。

➡车上的指示灯为红色意味着空车，绿色则意味着已有客人乘坐。

火车和地铁

➡东京的轨道交通网络包括东日本旅客铁道（JR East）运营的JR线路、东京地铁（Tokyo Metro）和都营地铁（Toei）两家公司运营的地铁系统和前往郊区的私营通勤线，线路四通八达。每条线路都有颜色标记，非常好认。

➡列车运行时间为5:00前后至午夜。

➡乘车时应尽量避开上下班高峰（约8:00~9:30和17:00~20:00），这两个时段的车厢拥挤程度用“沙丁鱼罐头”来形容毫不夸张。

➡东京站、品川、涩谷、新宿、池袋和上野等站都是主要换乘枢纽。在地面上

城铁和地铁通票

预付费且可充值的Suica卡和Pasmo卡可以用于所有市内列车和地铁，刷卡即可轻松进出闸机，无须再为车费多少或换乘票价伤脑筋。这两种卡片大同小异，只不过发行公司不同：Suica由JR发行，而Pasmo则由地铁和私铁联合发行。

在东京的所有触屏式自动售票机（包括成田机场和羽田机场的自动售票机）上都可购买这两种卡片。卡片押金¥500，在售票窗口退还卡片时可返还。最低充值额度为Suica卡¥2000，Pasmo卡¥1000。

不买Suica卡或Pasmo卡的话，可以购买都营和东京Metro两大地铁运营商共同推出的地铁通票Tokyo Subway Ticket（www.tokyometro.jp/cn/ticket/value/travel；24/48/72小时 ¥800/1200/1500），可以乘坐所有地铁线路。网站中列出了购买地点，机场和规模较大的BIC CAMERA、Softmap等店都有售。

运行的JR山手线（环线）连接上述各站，是最方便出行的线路。

➡车票依据乘坐距离定价（¥133~240）。不同公司运营线路间换乘比同一公司线路间换乘费用高。

➡在车站闸机附近的自动售票机上可以购买纸质车票或为交通卡充值。这些售票机都是触屏操作，有英语选项。

➡所有闸机都有Suica卡和Pasmo卡的读卡器；刷卡即可进入。

➡如果使用纸质车票或一日通票，则在有插票口的闸机插票进入，别忘了拿闸机吐出的车票。

➡出站也需要车票或交通卡。如果余额不足，可以在出站闸机附近的补票机上缴费或充值。

➡通过**Japan Travel app**（https://navitimejapan.com）可以规划前往目的地的最佳路线，该应用也可以下载线路信息离线使用。

➡大多数车站都有多个不同出口。身处站台上时尽量辨明方向以选择正确的出站口，留意指示通往不同出站口台阶的黄色标识。

实用信息

签证

➡中国大陆旅行者需要通过指定的旅行社代办签证，非指定的旅行社则委托这些有资质的旅行社进行日本签证办理，使领馆不受理个人送签。可以在飞猪网等旅游网站找到代办旅行社，同时需注意各省的收费和办理方式略有不同。

➡单次旅游签证有效期为15天。另外也有三年和五年的多次入境签证。单次签证最容易办理，三年有效的签证有两种，包括冲绳县及东北六县个人旅游多次签证——必须首次由冲绳县或东北六县（青森县、岩手县、宫城县、秋田县、山形县、福岛县）进入日本（并至少住宿一晚），以及不限制入境地的"全境三年多次签证"——供较有经济实力的旅行者选择。五年有效的高收入人士个人旅游多次签证不限制初次到访地点，但需要证明税前年收入大于50万元人民币。

➡此外，针对中国教育部直属高校的在校本科生、研究生以及毕业3年以内的往届生，可以将"经济能力证明"相关材料替换成中国教育部直属高校出具的"在读证明"或者"毕业证"。

➡签证政策随时可能变化，更多详情，请咨询你选择提供服务的旅行社。

➡包括韩国、新加坡、澳大利亚、新西兰、加拿大、美国以及几乎所有欧洲国家在内的67个国家和地区的公民可享90天的免签。

➡香港、澳门和台湾旅行者赴日旅行免签。

现金

自动柜员机

➡最方便的取现方式是找家7-Eleven便利店（24小时营业，日语发音为"sebun erebun"），里面的"7-Bank"自动柜员机基本都能支持银联卡取现，手续费每笔110日元。发卡行方面收取的手续费因行而异。

➡邮储银行自动柜员机也是容易找寻的取款网点，一般设在邮局（郵便局）内。接受属于下列国际联盟的银行卡：维萨卡（Visa）、万事达卡（Master Card）和中国银联卡（Union Pay）。

➡部分全家便利店(Family-Mart)也支持银联卡取现。

➡分布较广且支持银联卡取款的还有三井住友银行(SMBC)、三菱东京UFJ银行、AEON银行、京都银行(部分)和瑞穗银行(MIZUHO)。

➡信用卡不能取现。

信用卡

➡付现依旧是日本人的主要支付方式，部分民宿、青年旅舍、小餐馆都不接受刷卡。有些酒店的优惠价也只针对现金付款。

➡银联信用卡在日本的接受度正快速提高，但持有一张维萨信用卡会更保险。确定无疑可以刷卡支付的地方是百货公司、大酒店和主要的JR售票处。

电子支付

➡目前支付宝已引入日本，它的蓝色标志在成田机场、BIC CAMERA、堂吉诃德、LAOX、优衣库等各种中国旅行者频繁光顾的场所已并不罕见，而罗森便利店(Lawson)所有门店自2017年起更是全面支持支付宝付款。

➡微信支付除了覆盖类似店铺之外，2017年还开始与日本交通集团合作，在东京及周边的出租车上推广扫描二维码付款。

折扣卡

➡用**Grutto Pass**(www.rekibun.or.jp/grutto; ¥2000)可享全城79处场馆的门票免费或折扣，有效期2个月。在所有相关场馆均有销售。

省钱妙计

➡东京的许多高级餐馆在午餐时段相对便宜，如果午饭享用美食的话，性价比较高。

➡17:00之后，杂货店、面包房，甚至百货商店的美食广场都会大幅降价出售便当、烘焙食品和寿司。

➡登录**Tokyo Cheapo**(http://tokyocheapo.com)可查询其他省钱小妙招。

电源

Type A
100V/50Hz

旅游信息

东京都厅舍旅游信息中心(Tokyo Metropolitan Government Building Tourist Information Center; 见118页地图; ☎03-5321-3077; 新宿区西新宿 2-8-1, 东京都厅一号楼 1楼; ⏰9:30~18:30; Ⓢ大江户线至都厅前，A4出口)提供中文信息和纸质宣传材料。在京成上野站、羽田机场和新宿汽车总站也设有办事处。

日本国家旅游局旅游信息中心(JNTO Tourist Information Center; 见44页地图; ☎03-3201-3331; www.jnto.

go.jp；千代田区丸の内 3-3-1新東京大楼 1楼；⏲9:00~17:00；📶；Ⓢ千代田线至二重桥前，1出口）由日本国家旅游局运营，提供东京及日本其他地区的相关信息。在成田机场1号和2号航站楼都有办事处。

JR东日本旅行服务中心（JR East Travel Service Center，JR東日本訪日旅行センター；见44页地图；www.jreast.co.jp/e/customer_support/service_center_tokyo.html；千代田区丸の内 1-9-1 东京站；⏲7:30~20:30；📶；🚆JR山手线至东京站，丸之内北出口）提供旅行信息、货币兑换服务，还可以预订滑雪和温泉行程。在两座机场也设有办事处。

东京旅游信息中心（Tokyo Tourist Information Center；☎03-3287-2955；千代田区有楽町 2-4-10；⏲周一至周五 11:00~19:30，周六和周日 10:00~19:00；📶；🚆JR山手线至有乐町，日比谷出口）多个团队游预订柜台、货币兑换机，有Wi-Fi，还有一家商店出售各种纪念品。

营业时间

银行 周一至周五 9:00~15:00（有些银行营业至17:00）

酒吧 约18:00至深夜

精品店 正午至20:00，不定期关闭

咖啡馆 差别很大，连锁咖啡馆7:00~22:00

百货商店 10:00~20:00

博物馆 9:00或10:00~17:00，周一通常闭馆

邮局 周一至周五 9:00~17:00，大型邮局营业时间更长，周六也营业

餐馆 11:30~14:00和18:00~22:00，打烊前约半小时不接受下单

节假日

如果法定假日恰逢周一，多数平时闭馆或歇业的博物馆和餐馆都会继续开放或营业，次日休息。

元旦 1月1日

成人日 1月的第二个星期一

国庆日 2月11日

春分日 3月21/22日

昭和日 4月29日

宪法纪念日 5月3日

绿之日 5月4日

儿童日 5月5日

海之日 7月的第三个星期一

山之日 8月11日

敬老日 9月的第三个星期一

秋分日 9月22/23日

体育日 10月的第二个星期一

文化日 11月3日

勤劳感谢日 11月23日

电话

国家代码 ☎81

东京区号 ☎03

国际接入代码 ☎001

手机

➡在日本可以购买到短期使用的预付费电话卡，一般会包含数据流量，但比较划算的电话卡最长有效时间只有15天左右，如果想停留更长时间并且需要保证随时随地能够拨打电话，除非已提前办理国际漫游，不然仍然只能通过租借日本手机来实现。

➡Softbank、Docomo等电信公司一般在机场都设有服务台。

➡如果网络就可以解决你的一切问题，买只有上网功能的SIM卡显然性价比更高。建议提前购买上网卡或移动Wi-Fi热点，抵达日本境内后使用。日本国内也有

售(如BIC CAMERA等电器店),但收费要高很多。

公用电话

➡公用电话仍然存在于火车站周边,基本随时能用。

➡拨打当地电话每分钟¥10,¥100的硬币不设找零。

➡可打国际长途的电话都是灰色,多有"International & Domestic Card/Coin Phone"标识。最低收费¥100,可通话不足1分钟。

➡对方付费的国际电话加拨☎0051。

厕所

➡多数火车站都有公厕,免费、通常很干净且配卫生纸。便利店往往也允许你使用店内厕所。

➡有些厕所仍使用蹲式马桶,坐式马桶在隔间门上通常都有"洋式"字样。

➡冲洗式马桶越来越普遍,这些马桶都配有加热坐垫,触摸按钮即可冲洗并吹干私处。

➡需要脱鞋进入的住宅和餐馆往往都有入厕专用拖鞋,一般都放在厕所门后。

旅行安全

➡东京是座相对安全的城市,对于旅行者来说,最大的威胁其实是因此放松警惕。到东京旅行同样要小心谨慎,牢记安全常识。

➡在六本木,往饮品中下药然后抢劫、勒索,乃至侵犯人身的行为仍然值得重视。要小心提防六本木和歌舞伎町的酒吧揽客,另外,男士在这两个地区还可能遇到妓女拉客。

➡女士,特别是单独出行者,在歌舞伎町和道玄坂(这两个街区都是红灯区)可能会受到骚扰。

➡在拥挤的列车车厢里的确有痴汉(chikan;骚扰女性者)出没。高峰时段的许多列车都有女性乘客专用车厢(粉色标识)。

➡多数主要火车站附近设有"交番"(kōban;警察岗亭),全天24小时有人值守。

上网

如今东京的免费Wi-Fi热点也多了起来,但网速堪忧。重度网络依赖者不妨考虑租用便携式网络设备。

紧急情况

救护车和火警☎119

报警☎110

外国人非紧急警务热线(🕘周一至周五 8:30~17:15)☎03-3503-8484

应急翻译(医疗信息🕘9:00~20:00)☎03-5285-8181

日本热线(Japan Helpline;☎0570-000-911)24小时英语热线,可助你解决棘手事务。如果没有手机的话,可以通过网站(http://jhelp.com/english/index.html)填表联系。

残障旅行者

➡较新的建筑有无障碍通道,越来越多的地铁站也配备了电梯;但残障旅行者对于在日本旅行的方便程度仍是反映不一。

➡**Accessible Tokyo**(http://accessible.jp.org/tokyo)介绍东京主要景点的无障碍设施,包括哪些火车站有电梯等信息。

➡**Japan Accessible Tourism Centre**(www.japan-accessible.com/city/tokyo.htm)东京无障碍景点和酒店的参考手册。

➡可以从lptravel.to/AccessibleTravel免费下载Lonely Planet出品的《无障碍旅行指南》(*Accessible Travel*)。

语言

对于说英语的人来说，日语的发音很容易掌握，大部分发音都可以在英语中找到对应发音。值得注意的是，长元音和短元音的区分非常严格，因为音长的区别会导致语义产生差异。发长元音（ā，ē，ī，ō，ū）时，音长应是短元音的两倍。日语中的每个音节发音都很平均。只要按照我们用拉丁字母标注的发音指南来读，日本人应该就能听懂。

lonelyplanet.com有常用语手册，可以给旅途带来更多方便。

基本用语

你好。

こんにちは。 kon·ni·chi·wa

再见。

さようなら。 sa·yō·na·ra

是的。

はい。 hai

不。

いいえ。 ī·e

请。

ください。 ku·da·sai

谢谢你。

ありがとう。 a·ri·ga·tō

抱歉。（提请注意时使用）

すみません。 su·mi·ma·sen

对不起。

ごめんなさい。 go·men·na·sai

你叫什么名字？

お名前は o·na·ma·e wa

何ですか? nan des ka

我叫

私の wa·ta·shi no

名前は…です。 na·ma·e wa...des

你会说英语吗？

英語が ē·go ga

話せますか? ha·na·se·mas ka

我不明白。

わかりません。 wa·ka·ri·ma·sen

餐饮

我想要订一张（两个人的）桌子。

（2人）の （fu·ta·ri）no

予約をお yo·ya·ku o

願いします。 o·ne·gai shi·mas

我想看看菜单。

（メニュー） （me·nyū）

をお願いします。 o o·ne·gai shi·mas

我不吃（红肉）。

（赤身の肉） （a·ka·mi no ni·ku）

は食べません。 wa ta·be·ma·sen

太美味了！

おいしかった。 oy·shi·kat·ta

请结账。

お勘定 o·kan·jō

をください。 o ku·da·sai

干杯！	乾杯!	kam·pai
啤酒	ビール	bī·ru
咖啡	コーヒー	kō·hī

购物

我想要买

…をください。 o ku·da·sai

我只是看看。

見ているだけです。 mi·te i·ru da·ke des

多少钱？

いくらですか？ i·ku·ra des ka

太贵了。

高すぎます。 ta·ka·su·gi·mas

能给我打折吗？

ディスカウント dis·kown·to

できますか？ de·ki·mas ka

紧急情况

救命！

たすけて！ tas·ke·te

走开！

離れろ！ ha·na·re·ro

快报警！

警察を呼んで！ kē·sa·tsu o yon·de

快叫医生！

医者を呼んで！ i·sha o yon·de

我迷路了。

迷いました。 ma·yoy·mash·ta

我生病了。

私は病 wa·ta·shi wa

気です。 byō·ki des

厕所在哪里？

トイレは toy·re wa

どこですか？ do·ko des ka

时间和数字

现在几点了？

何時ですか？ nan·ji des ka

现在（10）点。

（10）時です。 （jū）·ji des

（10）点半。

（10）時半です。 （jū）·ji han des

上午	朝	a·sa
下午	午後	go·go
晚上	夕方	yū·ga·ta
昨天	きのう	ki·nō
今天	今日	kyō
明天	明日	a·shi·ta

1	一	i·chi
2	二	ni
3	三	san
4	四	shi/yon
5	五	go
6	六	ro·ku
7	七	shi·chi/na·na
8	八	ha·chi
9	九	ku/kyū
10	十	jū

交通及方位

在哪里？

はどこ wa do·ko

ですか？ des ka

地址是什么?

住所は何	jū·sho wa nan
ですか?	des ka

你能（在地图上）指给我看吗?

(地図で)教えて	(chi·zu de)o·shi·e·te
くれませんか?	ku·re·ma·sen ka

下一班（巴士）是什么时候?

次の（バス）は	tsu·gi no (bas) wa
何時ですか?	nan·ji des ka

……站停吗?

……に	……ni
停まりますか?	to·ma·ri·mas ka

到的时候请告诉我。

に着いたら	ni tsu·i·ta·ra
教えてください。	o·shi·e·te ku·da·sai

幕后

说出你的想法

我们很重视旅行者的反馈——你的评价将鼓励我们前行，把书做得更好。我们同样热爱旅行的团队会认真阅读你的来信，无论表扬还是批评都非常欢迎。虽然很难一一回复，但我们保证将你的反馈信息及时交到相关作者手中，使下一版更完美。我们也会在下一版特别鸣谢来信读者。

请把你的想法发送到**china@lonelyplanet.com.au**，谢谢！

请注意：我们可能会将你的意见编辑、复制并整合到Lonely Planet的系列产品中，例如旅行指南、网站和数字产品。如果不希望书中出现自己的意见或不希望提及你的名字，请提前告知。请访问lonelyplanet.com/privacy了解我们的隐私政策。

声明

气候图表数据引用自Peel MC,Finlayson BL & McMahon TA(2007) 'Updated World Map of the Köppen-Geiger Climate Classification',*Hydrology and Earth System Sciences*,11,1633-44。

封面图片：东京晴空塔；Grant Faint / Getty ©。

4~5页图片：东京天际线；Sakarin Sawasdinaka / Shutterstock ©。

本书部分地图由中国地图出版社提供，其他为原书地图，审图号GS(2018)722号。

关于本书

这是Lonely Planet *Pocket Tokyo*的第6版。本书的作者为丽贝卡·米尔纳和西蒙·里奇蒙德。他们同样调研并写作了本书的第5版。

本书为中文第一版，由以下人员制作完成：

项目负责 关媛媛
项目执行 丁立松
翻译统筹 肖斌斌 王玫珺
翻　　译 齐浩然
内容策划 盛洋 刘维佳
视觉设计 李小棠 佟雪莹
协调调度 沈竹颖
责任编辑 马珊 普黎洋
地图编辑 马珊
制　　图 刘红艳
流　　程 孙经纬
终　　审 杨帆
排　　版 北京梧桐影电脑科技有限公司

感谢菜畦、朱琳、杨玲对本书的帮助。

索引

可参考如下子索引:
就餐 见189页
饮品 见190页
娱乐 见190页
购物 见190页

景点 000
地图页码 **000**

景点 000
地图页码 **000**

就餐

饮品

娱乐

购物

我们的故事

一辆破旧的老汽车，一点点钱，一份冒险的感觉——1972年，当托尼（Tony Wheeler）和莫琳（Maureen Wheeler）夫妇踏上那趟决定他们人生的旅程时，这就是全部的行头。他们穿越欧亚大陆，历时数月到达澳大利亚。旅途结束时，风尘仆仆的两人灵机一闪，在厨房的餐桌上制作完成了他们的第一本旅行指南——《便宜走亚洲》（*Across Asia on the Cheap*）。仅仅一周时间，销量就达到了1500本。Lonely Planet从此诞生。

现在，Lonely Planet在都柏林、富兰克林、伦敦、墨尔本、奥克兰、北京和德里都设有公司，有超过600名员工及作者。在中国，Lonely Planet被称为"孤独星球"。我们恪守托尼的信条："一本好的旅行指南应该做好三件事：有用、有意义和有趣。"

我们的作者

丽贝卡·米尔纳（Rebecca Milner）

丽贝卡出生于加利福尼亚，在东京住了很久（已经14年，而且还在继续）。她参与过孤独星球《东京》《日本》《韩国》《中国》等指南的撰写，也是一名关注旅行、美食和文化的自由供稿人。《卫报》《独立报》《星期日泰晤士报旅行杂志》《日本时报》等许多报纸杂志都曾刊登过她的文章。她在二十几岁的大好年华一边工作一边旅行，在东京打零工，赚到钱就去亚洲各国背包旅行数月。2010年，丽贝卡幸运地加入了孤独星球自由作者的团队。

西蒙·里奇蒙德（Simon Richmond）

身为旅行作家、摄影师和摄像师的西蒙第一次参与《日本》（1999年出版）指南的撰写，就获得了年度最佳旅行指南写作的奖项。他也写过关于东京（在20世纪90年代，他曾作为记者和编辑在东京工作和生活）的其他几本指南以及动漫方面的书籍。1999年，西蒙成为孤独星球的作者，此后撰写过多本指南和多篇网站的专题文章。

东 京

中文第一版

书名原文：*Pocket Tokyo*（6th edition，Aug 2017）

本中文版由中国地图出版社出版

图书在版编目 (CIP) 数据

东京 / 澳大利亚 Lonely Planet 公司编；齐浩然译
. -- 北京：中国地图出版社，2018.3
（口袋指南）
书名原文：Pocket Tokyo
ISBN 978-7-5204-0383-2

Ⅰ. ①东… Ⅱ. ①澳… ②齐… Ⅲ. ①旅游指南－东京 Ⅳ. ① K931.39

中国版本图书馆 CIP 数据核字 (2018) 第 043577 号

出版发行	中国地图出版社
社　　址	北京市白纸坊西街 3 号
邮政编码	100054
网　　址	www.sinomaps.com
印　　刷	北京华联印刷有限公司
经　　销	新华书店
成品规格	106mm×153mm
印　　张	6.75
字　　数	218 千字
版　　次	2018 年 3 月第 1 版
印　　次	2018 年 3 月北京第 1 次印刷
定　　价	56.00 元
书　　号	ISBN 978-7-5204-0383-2
审 图 号	GS（2018）722 号
图　　字	01-2017-8910

如有印装质量问题，请与我社发行部（010-83543956）联系